Prólogo a la
Inteligencia Artificial

Consciencia Artificial

Javier Arévalo Royo

Prólogo a la Inteligencia Artificial
Consciencia Artificial

© Javier Arévalo Royo
ORCID 0009-0002-6377-1200
SRCTI 00263-01-IN
CPITIR 261-0054P

1ª Edición, enero 2024
ISBN- 9798873304950

Publica APROCYT (NIF G56793482)
Asociación para la promoción de la Ciencia y la Tecnología de la Rioja

Índice

1 Introducción

La Inteligencia Artificial (IA) es un campo interdisciplinario que utiliza diversas ciencias y técnicas para simular, e incluso superar, la inteligencia humana. La IA se basa en conocimientos de disciplinas teóricas que pueden parecer evidentes, como la lógica matemática, la computación y la estadística, así como de otras áreas como la neurociencia, la biología, la psicología y la lingüística. Con estas bases, desarrollamos sistemas automatizados dotados de técnicas y funcionalidades que les permiten procesar información, aprender de los datos y tomar decisiones de manera autónoma y coherente.

En este prólogo sobre la IA, se busca ofrecer una visión global de aspectos determinantes en diversas líneas de investigación, realizando un breve recorrido desde los orígenes hasta los avances más recientes reflejados en los sistemas cognitivos actuales, que incluyen funcionalidades de aprendizaje automático profundo y procesamiento del lenguaje natural. También exploraremos los fundamentos de un enfoque relativamente novedoso: la Consciencia Artificial, presentando algunos de sus enfoques y modelos.

Este recorrido está diseñado para servir de referencia a quienes buscan un punto de partida para profundizar en el estudio de la IA, ya sea por motivos académicos, profesionales o de investigación. Aunque algunos apartados pueden resultar técnicos, se ha hecho un esfuerzo por presentarlos de manera accesible y comprensible para todo tipo de lector, sin sacrificar el rigor necesario al tratar un tema tecnológico de tanto impacto. Para ello, se ofrecen extensas referencias bibliográficas que avalan y permiten profundizar en lo expuesto a quienes lo deseen.

1.1 ¿Qué es la inteligencia?

La inteligencia es un concepto complejo y multidimensional que ha sido objeto de estudio en diversas disciplinas científicas, incluyendo la biología, la neurociencia, la psiquiatría y últimamente la computación. No hay una definición única y universalmente aceptada de inteligencia, pero se pueden identificar ciertos elementos comunes de los que aquí trataremos.

En términos generales, la inteligencia se refiere a la capacidad de aprender, comprender, razonar, resolver problemas, adaptarse al entorno y utilizar el conocimiento de manera efectiva. La inteligencia implica la capacidad de pensar de manera lógica, analizar situaciones, identificar patrones, razonar de manera adecuada y encontrar soluciones efectivas a los problemas, incluyendo la capacidad de adaptarse a cambios a su alrededor partiendo del aprendizaje basado en nuevas experiencias, y el consecuente ajuste del comportamiento para planificar acciones futuras, aprendiendo rápidamente a resolver problemas variados, y entender ideas complejas en el marco de una conducta adaptativa [1].

La inteligencia se asocia comúnmente con habilidades cognitivas superiores, como la memoria, la atención, la comprensión verbal, la capacidad visoespacial y otras funciones a las que las personas estamos habituadas. Además, la inteligencia Incluye entre sus definiciones la capacidad de pensar también de manera creativa, generando nuevas ideas y abordando problemas de manera innovadora. La consciencia de uno mismo y de su entorno es otro aspecto que se asocia con la inteligencia, implicando esto una metacognición y una comprensión reflexiva de las propias acciones y del entorno circundante que son distintivas, aunque al parecer no exclusivas, del ser humano.

Uno de los planteamientos más esclarecedores sobre lo que implica el concepto de inteligencia, y como la palabra en sí que utilizamos para referirnos a ella condiciona nuestra percepción, lo expuso Isaac Asimov en el capítulo once de su colección de ensayos científicos *The Subatomic Monster* [2].

Asimov coincidió en una cena con uno de los padres de la IA, Marvin Minsky del *Massachusetts Institute of Technology* (MIT), y con el físico Heinz Pagels, director de la *New York Academy of Sciences* (NYAS). En la sobremesa debatieron sobre si la investigación en IA había iluminado el pensamiento humano, y el conocimiento que sobre él tenemos en el medio de la segunda ola de avances en la que se encontraban. Minsky mantenía la postura de que IA no era una contradicción conceptual y que, como tal, incluir las palabras inteligencia y artificial en un mismo contexto, no es una sinrazón. Por su parte Pagels apoyaba la tesis de un filósofo y profesor de la Universidad de California llamado John Searle, conocido por su crítica a la IA en cuanto a concepto, y particularmente por su *argumento del cuarto chino* del que más adelante veremos algunos detalles. Searle argumentaba que el simple procesamiento de símbolos no es suficiente para otorgar verdadera comprensión o consciencia de lo que se realiza, y que la inteligencia obtenida de manera artificial no puede ser equivalente a la inteligencia humana en un sentido genuino, dado que en sí el planteamiento es un sinsentido.

Asimov, en su réplica a ambos planteamientos se posiciona partiendo de un recorrido sobre el tamaño de los cerebros de diferentes animales. Una combinación de cerebro grande y cuerpo pequeño parece encontrar su mejor equilibrio en el ser humano, dado que, aunque la proporción entre cerebro y cuerpo sea superior en el delfín, en el cerebro humano las circunvoluciones de su fisiología proporcionan mayor área superficial. Aun así, el delfín, con su enorme cerebro y su amplio repertorio de sonidos, admitimos que tiene una mente que puede considerar ideas complejas y un lenguaje que puede expresarlas con infinita sutileza. De igual manera, un molusco como el pulpo perteneciendo en cuanto a su árbol evolutivo a una especie alejada de la de los animales que consideramos inteligentes por naturaleza (la mayoría de los mamíferos, algunas familias de aves como los córvidos y algunas de peces como los cíclidos), ha conseguido con su sistema neuronal descentralizado un sorprendente comportamiento capaz de adaptarse a multitud de desafíos para promover su supervivencia. A esto hay que añadir, que si bien en la esfera humana toda conducta que trasciende la simplicidad suele calificarse como inteligente, sin embargo, incluso el más sofisticado y complejo de los comportamientos de un bicho tiende a ser desechado como un indicio de inteligencia en base a parámetros que podemos cuantificar como el del número de neuronas [3]. Los humanos contamos con aproximadamente 86.000 millones de neuronas. El *pristionchus pacificus*, del cual puede encontrarse abundante literatura científica en Scopus[1], es un gusano que cuenta con solo 302, y aun así es capaz de tener diferentes estrategias que le llevan a elegir entre ellas, dependiendo de cuál le conviene en una situación determinada que pone en juego su supervivencia.

Asimov inventó para aquella ocasión, una palabra para designar todos los mecanismos internos que los seres vivos utilizan para condicionar su respuesta frente a situaciones que requieren de toma de decisiones. Esta palabra es «*zorquear*». El pensar como acción de la inteligencia en el sentido humano, es una manera de zorquear, mientras que otras especies tienen otras formas de zorquear. Si abordamos el zorqueo de sin juicios preconcebidos más allá del concepto de la inteligencia, podemos argumentar que el pensar no es siempre la manera mejor de zorquear y podemos así tener una perspectiva que nos permita comprender el zorqueo del resto de los seres vivos, y eventualmente lo que quiera que otra entidad haga para enfrentarse a la resolución de problemas y toma de decisiones, evitando sesgos de anclaje ante la línea roja que supone extender aquello que consideramos nos hace humanos a otras especies. Así pues, por definición, las personas pensamos, los animales zorquean, y las computadoras computan. Computando se puede aprender, comprender, razonar, resolver problemas, adaptarse al entorno y utilizar el conocimiento de manera efectiva.

Este punto de partida sobre la inteligencia y lo que conlleva, resulta crucial si se quiere abordar el problema de fondo con las definiciones, evitando la semántica subjetiva que queramos darles. Según Wittgenstein, nuestro propio pensamiento nos puede *embotellar*. El lenguaje fijado puede aprisionar la creatividad del pensar porque tal y como nos advertía «*los límites de mi lenguaje son los límites de mi mundo*»

---

[1] https://www.scopus.com/

[4]. Al igual que una mosca revolotea en el interior de una botella sin poder encontrar el camino de salida, hemos de librarnos necesariamente de las limitaciones impuestas por nuestro propio lenguaje y pensamiento para poder entender sus mecanismos fundamentales, volando fuera de esa botella en la que en más de una ocasión nos empecinamos en permanecer.

Para ilustrar esto, recordemos como paradigma de los problemas de concepto y planteamiento de fondo, y de las limitaciones y sesgos a los que nos enfrentamos a la hora de analizar los problemas relacionados con el conocimiento, el episodio que el ilustre filósofo riojano Gustavo Bueno protagonizó frente al Premio Nobel Severo Ochoa. En un acto académico en el que Bueno asistió como oyente, Ochoa afirmó que todo cuanto hay se puede explicar mediante química porque todo cuanto hay es química y los principios físicos que la sustentan. Ante este ejemplo de reduccionismo cientificista, al concluir, Bueno asaltó a Ochoa con un libro de química en la mano para preguntarle si ese libro era todo química o no. El Ochoa contesto que sí, que el libro era todo él química, que se puede analizar la composición de su papel, de la tinta en el que estaba impreso, de la encuadernación, y de todo él en sí mismo. Entonces ¿esta 'y' entre física y química es un enlace iónico, covalente o metálico?, le espetó Bueno.

En esta anécdota, un enfoque cientificista hace obviar las dimensiones sintáctica y semántica del libro centrándose tan solo en su ámbito de conocimiento especializado. El propio Gustavo Bueno, cuando recordaba la anécdota, aseguraba que tanto él como Severo Ochoa acabaron tras aquella conversación con el pensamiento de lo mermado de las capacidades intelectuales del otro. De manera análoga, podríamos estar construyendo IA con redes neuronales artificiales profundas basándonos en el conocimiento que tenemos sobre el funcionamiento de los enlaces eléctricos y químicos de las naturales, o incluso la mecánica cuántica de su comportamiento, además de IAs fantásticas con modelos que capturan la semántica del lenguaje y generan contenidos; y aun así obviamos otras dimensiones que no estamos teniendo en cuenta, y hemos de saber balancear en la ecuación.

1.2 ¿Qué es Inteligencia Artificial?

Para John McCarthy, el informático responsable de introducir el término, Inteligencia Artificial (IA) *"es la ciencia y la ingeniería de fabricar máquinas inteligentes, es decir, programas informáticos especialmente inteligentes. Está relacionado con la tarea similar de usar computadoras para comprender la inteligencia humana, pero la IA no tiene por qué limitarse a métodos que sean biológicamente observables"* [5]

Para Marvin Minsky, otros de los fundadores de esta ciencia *"la inteligencia artificial es la ciencia de hacer máquinas que hagan cosas que requerirán inteligencia si las hicieran los hombres"* [6]. A su vez Minsky a acuñado el término de «palabra maleta» (*suitcase word*) con el que describe palabras a las que las personas atribuyen, o cargan, múltiples significados [7]. Minsky fue pionero en la investigación de la IA, cofundador del laboratorio de inteligencia artificial del *MIT*[2] y receptor del prestigioso *Premio Turing*[3] por sus destacadas contribuciones al campo de la computación. Su observación nos hace notar que muchas de las palabras comúnmente utilizadas para describir la mente humana, como consciencia, intuición, inteligencia o aprendizaje, son palabras maleta cuyas complejidades incrustadas presentaban un desafío real al intentar aplicar la ciencia experimental y computacional a un sistema tan complejo como el cerebro humano.

La inteligencia bajo las definiciones que la vinculan a los ingenios artificiales que decimos la poseen, es la parte computacional de la capacidad para lograr objetivos que demuestran. Así, las personas presentamos distintos tipos y grados de inteligencia, e incluso estos grados pueden encontrarse en animales y algunas máquinas. La inteligencia implica por lo tanto mecanismos, y la investigación de la IA ha descubierto cómo hacer que las computadoras emulen el comportamiento de alguno de estos mecanismos. El problema es que todavía no podemos caracterizar en general qué tipo

---

[2] https://www.mit.edu/
[3] https://amturing.acm.org/

de procedimientos computacionales queremos llamar inteligentes dado que entendemos algunos de los mecanismos de la inteligencia y no todos. Si hacer una tarea determinada sólo requiere del uso de mecanismos que comprendemos bien, los programas informáticos ofrecen rendimientos impresionantes en estas tareas dada su naturaleza algorítmica, y que por lo tanto no dejan de ser un conjunto de pasos o reglas definidas que se siguen para llevar a cabo una tarea o resolver un problema específico. Aprender sobre los mecanismos de la inteligencia implica observar los métodos utilizados por las personas, y estudiar los problemas que implican el uso de inteligencia. **Por el momento, no se trata por tanto de la capacidad de las computadoras sino de nuestra propia capacidad para entender cómo hacemos las cosas, y para programar una computadora utilizando su potencia de cálculo y procesamiento de datos de manera acertada.**

Volviendo a Asimov, entre los seres humanos existe un número indefinido de maneras diferentes de zorquear distintas que son suficientemente parecidas para que se incluyan bajo el título general de «pensar» como manifestación fenomenológica de la inteligencia. Diseñamos nuestros ordenadores de tal modo que pueden resolver problemas que nos son de interés y, por lo tanto, tenemos la impresión de que piensan, aunque no podemos afirmar ni siquiera que zorqueen de la forma en que lo hace cualquier especie biológica conocida, por lo que también necesitamos una nueva palabra para lo que hacen computando, creando aproximaciones a la inteligencia humana y su pensamiento. Es razonable, además, suponer que los seres humanos podemos crear una IA tan diferente de la inteligencia humana o de lo conocido en la naturaleza. Hace milenios inventamos un mecanismo artificial que hacía más fácil el transporte, sin emular el andar de los humanos, ni la braquiación de los primates, ni el reptar de los ofidios; la rueda. Como resultado de este invento disruptivo se pudo colocar una masa mucho mayor en un carro, el cual siendo arrastrado por músculos humanos o animales permite el transporte de mayor carga de la que directamente puede transportarse con esos músculos. Unido a esto, no comenzamos a crear artefactos voladores realmente eficientes, hasta que nos separamos de los modelos de referencia que la naturaleza nos proporciona. Ningún animal vuela mediante una hélice o un estatorreactor.

Siguiendo esta línea de razonamientos, se puede esperar que los avances en IA lleguen a esclarecer el problema del pensamiento humano. Tenemos también ejemplos históricos al respecto, incluso siguiendo con la evolución del transporte. En la carrera de la ciencia y la tecnología por sustituir el músculo animal, a comienzos del siglo XIX Nicolás Carnot, estudió la máquina de vapor a fin de determinar qué factores regulaban la eficacia con que funciona. Fue pionero en iniciar una serie de pruebas de laboratorio que, a fines de siglo, habían hecho desarrollar por completo las leyes de la termodinámica. Estas leyes están entre las más importantes generalizaciones en física y son aplicables con pleno rigor a los seres vivos. La acción muscular, pese a lo complicado de sus funciones, debe actuar impulsada por las leyes de la termodinámica igual que las máquinas de vapor objeto del estudio inicial. La máxima eficiencia de un motor térmico según el clico de Carnot se puede obtener cuando el motor térmico está funcionando entre dos temperaturas; la temperatura a la que opera la fuente de alta temperatura y la temperatura a la que opera el depósito de baja temperatura. Esto es aplicable también al sistema muscular, en el que la fuente caliente la constituye la temperatura del músculo durante la contracción, y la fuente fría la temperatura ambiente o la temperatura del músculo en reposo. Esto se aprendió a partir de esos estudios iniciales sobre tecnologías emergentes en su momento como lo fueron las máquinas de vapor, y no a través únicamente del estudio de los músculos. De manera análoga, aunque el funcionamiento de las computadoras y los diferentes sistemas de IA no se parezca al funcionamiento real del cerebro, nos pueden enseñar cosas acerca del cerebro y su funcionamiento que nunca descubriríamos estudiando sólo el cerebro.

Enmarcando estos planteamientos y concretando en qué se traducen en la práctica, el libro de referencia académico en la materia *Artificial Intelligent* [8], define posibles objetivos de la IA, que diferencia los sistemas computacionales que tienen su base en la racionalidad y el pensamiento frente a los que buscan y promueven la actuación. Estos cuatro posibles objetivos, se enmarcan a su vez en dos posibles enfoques: el enfoque humano que diferencia entre los sistemas que piensan como humanos y los sistemas que actúan como humanos, y el enfoque ideal que lo hace entre sistemas que piensan racionalmente y sistemas que actúan racionalmente. A este respecto, el grupo independiente de expertos de alto nivel en IA creado por la Comisión Europea acota la definición de la IA como todo sistema de software y posiblemente también de hardware diseñado por humanos, que, dada una meta compleja, actúa en la dimensión física o digital al percibir su entorno a través de la adquisición de datos, interpretando los datos recopilados estructurados o no estructurados, razonando sobre el conocimiento o procesando la información derivada de estos datos y decidiendo la mejor acción o acciones a tomar para lograr la meta establecida. Los sistemas de IA pueden utilizar reglas simbólicas o aprender un modelo numérico, y también pueden adaptar su comportamiento analizando cómo el entorno se ve afectado por sus acciones anteriores. Como disciplina científica, la IA incluye varios enfoques y técnicas, como el aprendizaje automático (del cual el aprendizaje profundo y el aprendizaje por refuerzo son ejemplos específicos), el razonamiento de máquinas (que incluye planificación, programación, representación y razonamiento del conocimiento, búsqueda y optimización), y la robótica (que incluye control, percepción, sensores y actuadores, así como la integración de todas las demás técnicas en sistemas físicos) [9]

Para concluir nuestra aproximación a lo que es y representa la IA, otra definición que hemos de mencionar es la que Rob Thomas, que entre otros cargos en IBM ha sido director general de *Data and Artificial Intelligence*. Thomas sostiene que la IA es un término general para una familia de técnicas que permiten a las máquinas aprender a partir de datos y actuar en función de lo que han aprendido, en lugar de simplemente seguir instrucciones mecánicas creadas por un programador. El aprendizaje automático (*machine learning*) es una rama de la ingeniería de software y casi siempre forma parte de un sistema más amplio que también incorpora software tradicional. En aprendizaje automático se puede cuantificar y ponderar con relativa facilidad, cuando la IA en cuanto tal, tan solo acertamos con dificultad a modelarla.

Thomas suele mencionar en sus conferencias, *"si está escrito en Python, lo llamamos aprendizaje automático, y si está escrito en PowerPoint, lo llamamos IA"* [10]

1.2.1   IA débil vs IA fuerte (AGI)

Al parecer Wittgenstein comentó alguna vez que un filósofo que no participa en el debate público es como un boxeador que nunca entra al cuadrilátero. Bajo ese punto de vista John Searle es un púgil experimentado. Profesor de filosofía en la Universidad de Berkeley, en uno de sus célebres artículos críticos con la IA publicado en 1980 llamado *"Minds, Brains, and Programs"* que más tarde desarrollaría en su libro *"Minds, Brains and Science"* [1], definió dos modelos de referencia de en IA que desde entonces se han venido utilizando.

Por un lado, tenemos la *IA débil*, también denominada inteligencia artificial limitada, que se enfoca en llevar a cabo tareas específicas como responder preguntas basándose en las entradas del usuario o jugar al ajedrez. Esta forma de IA puede realizar un tipo particular de tarea propia de un determinado dominio de manera especializada, y no es capaz de desempeñar otras funciones de otros dominios.

En contraposición, la *IA fuerte* tiene la capacidad de ejecutar diversas funciones y su planteamiento es que pueda aprender a abordar nuevos problemas de manera autónoma. Esto la diferencia claramente de la débil, la cual depende de la intervención humana para establecer los parámetros de sus algoritmos de aprendizaje y suministrar datos de entrenamiento pertinentes para garantizar la precisión. Aunque la tutela del actor humano acelera la fase de crecimiento de la IA fuerte, esta no es imprescindible. Además, la IA fuerte se plantea desarrolle una consciencia similar a la humana al menos en cuanto a sus funcionalidades, es decir, consciencia de acceso, en lugar de simplemente simularla parcialmente tal y como ocurre en el caso de la IA débil.

La IA fuerte es también llamada AGI (*Artificial General Intelligence*), existiendo abundante literatura y textos de carácter teórico, científico y técnico sobre la viabilidad de que esta sea desarrollada. Uno de los textos de referencia a este respecto es "*Why machines will never rule the world*" [11] de Jobst Landgrebe y Barry Smith. En él se argumenta que la AGI no es posible, dado que para construir una AGI, necesitaríamos tecnología con una inteligencia al menos comparable a la de los seres humanos, y la única forma de diseñar tal tecnología es crear una emulación de software del sistema neurocognitivo humano. Entonces, para crear una emulación de software del comportamiento del sistema neurocognitivo humano, necesitaríamos crear un modelo matemático de este sistema que permita predecir el comportamiento del sistema. Como quiera que no sea posible crear modelos matemáticos para sistemas con un alto grado de complejidad, y el sistema neurocognitivo humano es un sistema con un alto grado de complejidad, entonces no podemos crear una emulación de software del sistema neurocognitivo humano.

Ante esta argumentación y otras similares en contra de la AGI, o la imposibilidad de dotar de distintos grados de consciencia a máquinas, caben varias refutaciones. El modelo matemático enunciado por Isaac Newton en su «*Philosophiæ Naturalis principia Mathematica*» de 1687, se ha demostrado no es válido cuando se trata de predecir comportamientos subatómicos y a velocidades cercanas a la de la luz. No es capaz por lo tanto de modelar la naturaleza conocida en su conjunto. La mecánica cuántica, desarrollada en la primera mitad del siglo XX, proporciona un marco teórico hasta el momento más adecuado para describir el comportamiento de partículas subatómicas como electrones y fotones. En este contexto, los conceptos de dualidad onda partícula, de la incertidumbre y otros fenómenos cuánticos son fundamentales para acercarnos una interpretación válida que Newton no nos dio. Pero, aunque las leyes de Newton no son válidas en escalas subatómicas o en situaciones extremadamente veloces, en el contexto de los viajes espaciales y la exploración lunar, las leyes del movimiento de

Newton siguen siendo una herramienta útil y precisa para la ingeniería y la navegación espacial. La aplicación adecuada de los principios de Newton contribuyó de manera fundamental al éxito de las misiones *Apolo*, y continúa haciéndolo en las de *SpaceX*. En el espacio exterior, donde la gravedad es la fuerza predominante, las leyes de Newton son especialmente aplicables. La capacidad para predecir con precisión las órbitas y las trayectorias de los ingenios espaciales, así como calcular las fuerzas necesarias para alcanzar y abandonar la órbita terrestre, sigue siendo esencialmente útil para llevar a cabo estas misiones aún hoy en día. En la misma medida, no importa si la IA puede o no aspirar a la AGI tal y como ciertos autores la definen, o a la consciencia tal y como otros la acotan. En este caso, independientemente de lo que muy acertadamente se argumente en su contra, mediante un claro ejemplo de ejercicio de razón pura, hemos de en referencia a la evolución de los resultados prácticos obtenidos enunciar un claro «*e pur si muove*». Además, en su tesis segunda de las *"Thesen über Feuerbach"*, Marx ya dejo escrito que *"**el problema de si al pensamiento humano se le puede atribuir una verdad objetiva, no es un problema teórico, sino un problema práctico. Es en la práctica donde el hombre tiene que demostrar la verdad, es decir, la realidad y el poderío, la terrenalidad de su pensamiento. El litigio sobre la realidad o irrealidad de un pensamiento que se aísla de la práctica es un problema puramente escolástico*"*, es decir, principalmente académico, abstracto o teórico, sin tener aplicaciones prácticas inmediatas en la realidad cotidiana. A lo cual añadió en su onceaba que «*los filósofos no han hecho más que interpretar de diversos modos el mundo, pero de lo que se trata es de transformarlo.*»

1.2.2 Los modelos de la IA

Distinguiremos aquí tres enfoques diferentes en las aproximaciones científicas y tecnológicas a la IA. Los dos primeros, el simbólico y conexionista, han sido los que tradicionalmente se han venido observando en cuanto a la categorización de las IA. El tercero, el semántico, dado su actual impacto en las tendencias en investigaciones e innovaciones, entendemos puede ser enunciado como categoría aparte.

1.2.2.1 Modelo simbólico

La IA simbólica hace representa representan el conocimiento sobre el que gira su funcionamiento mediante símbolos y reglas lógicas. Por lo tanto, En este paradigma, los datos y el conocimiento se estructuran de manera explícita utilizando símbolos que representan conceptos, objetos y relaciones, y se utilizan reglas lógicas para manipular estos símbolos y realizar razonamientos. [8]

El origen de la IA simbólica se remonta a las décadas de 1950 y 1960, cuando los pioneros de la IA buscaban desarrollar sistemas capaces de emular la inteligencia humana partiendo del planteamiento de que esta funciona en esencia mediante la manipulación de símbolos y reglas lógicas. Los fundamentos teóricos de la IA simbólica se basan en la lógica matemática y la teoría de conjuntos, desarrollada por matemáticos y lógicos como Kurt Gödel, Alfred North Whitehead y Bertrand Russell, los cuales trabajaron en el desarrollo del marco formal para la representación del conocimiento. Estas teorías son relevantes, pero no entrañan el problema fundamental con la IA. En la de década de 1930s matemáticos estudiosos de la lógica, especialmente Kurt Gödel y Alan Turing, determinaron que no existen algoritmos que garanticen la resolver todos los problemas de ciertos dominios matemáticos. En la década de 1960s algunos científicos en computación, especialmente Steve Cook y Richard Karp, crearon la teoría NP-completo. Los problemas en este domino tienen una solución teórica, pero lleva un tiempo exponencial resolverlos hasta donde sabemos, por lo que en la práctica no tienen solución. Algunas veces conseguimos resolver algún problema del tipo NP-completo en tiempos en tiempo más corto del que los algoritmos generales predicen, pero no siempre se puede garantizar esto. Lo importante en cualquier caso es contar con algoritmos que garanticen la resolución de nuevos problemas, que hasta el momento no tenían solución factible.

John McCarthy, desempeñó también un papel crucial en la formulación de la IA simbólica creando el lenguaje de programación LISP, y siendo el promotor de las conferencias Dartmouth, de las que daremos más detalles más adelante. LISP se convertiría desde su lanzamiento, en un instrumento esencial para la implementación de sistemas basados en reglas y manipulación simbólica, que hoy en día continua en uso, influenciando a su vez a otros lenguajes de programación basados en reglas. De hecho, en paralelo, el experimento *Georgetown-IBM* de 1954 que, desarrollado conjuntamente por la Universidad de Georgetown e IBM, fue uno de los primeros esfuerzos importantes en el campo de la IA utilizando reglas gramaticales y símbolos para conseguir resultados prácticos en el campo de la traducción de idiomas.

El auge de los sistemas basados en reglas llegaría en la década de 1970 con los sistemas expertos, los cuales se convirtieron en un enfoque destacado de la IA simbólica. Estos sistemas que perduran hasta nuestros días utilizan reglas y conocimientos específicos de dominio representados simbólicamente para realizar tareas concretas, o proporcionar conocimiento altamente especializado. Como ejemplo de uno de los primeros sistemas expertos, podemos citar a MYCIN, desarrollado a principios de los años 70 por Edward Shortliffe, en la Universidad de Stanford y diseñado para el diagnóstico médico. Este es también un ejemplo de la manera en la que la dimensión ética de la IA está presente desde sus inicios. Este sistema nunca se utilizó en la práctica una vez puesto en funcionamiento. La decisión a este respecto no se debió a debilidades en su desempeño, sino a lo crítico de su enfoque en el diagnóstico de enfermedades de la sangre. Una investigación realizada en la Facultad de Medicina de Stanford concluyó que MYCIN tenía una aceptabilidad del 65 % en el plan de diagnóstico y tratamiento. Esto no fue suficiente, por cuestiones éticas y jurídicas relacionadas con el uso de computadoras en medicina. La responsabilidad de los médicos en caso de que el sistema diera un diagnóstico erróneo hizo que la tasa de aciertos conseguida no fuera suficiente para decidir ponerlo en explotación.

1.2.2.2 Modelo conexionista (subsimbólico)

El concepto de subsimbólico hace referencia al enfoque en el cual los sistemas de IA no representan el conocimiento de manera explícita mediante símbolos y reglas lógicas, sino que se basan en representaciones más abstractas y el procesamiento de información a nivel inferior al simbólico, basándose en nuestro conocimiento sobre el funcionamiento de los sistemas neuronales en la naturaleza, y sus conexiones. De ahí también su nombre de modelo de IA conexionista. De esta forma, en lugar de manipular símbolos y reglas lógicas directamente, estos sistemas trabajan con representaciones distribuidas y procesamiento paralelo de modelos estocásticos, para realizar tareas de manera que diversos estudios concluyen es más cercana al modo de funcionamiento del cerebro humano, que parte en su núcleo de una red neuronal [8].

En la línea de investigación inicial, Donald Hebb propuso en 1949 lo que conocemos como el *aprendizaje hebbiano*, basado en una abstracción matemática sobre el proceso de aprendizaje. Este modelo representa un principio fundamental en neurociencia que sugiere que las conexiones entre neuronas se fortalecen cuando se activan de manera simultánea. Este principio influyó en el desarrollo de modelos de aprendizaje en redes neuronales, siendo el *Perceptrón*, propuesto por Frank Rosenblatt en 1957, uno de los primeros modelos de red neuronal. Este modelo inicial, aunque limitado en su capacidad para abordar problemas complejos, sentó las bases para el desarrollo posterior de redes neuronales más sofisticadas.

A lo largo de las décadas de 1960 y 1970, se desarrollaron enfoques de aprendizaje no supervisado, como el agrupamiento jerárquico y el aprendizaje competitivo, que permitieron que las máquinas encontraran patrones en datos sin etiquetar. Como uno de los ejemplos de estos enfoques, en 1969, el matemático finlandés Teuvo Kohonen desarrolló las *Self-Organizing Maps* (SOM), también conocidas como mapas autoorganizativos. Estas redes neuronales artificiales se diseñaron para aprender estructuras topológicas en datos sin etiquetas, lo que las convierte en una forma de aprendizaje no supervisado, que intentan capturar el conocimiento basándose en principios matemáticos, sin tener en cuenta la dimensión relativa a la simbología y sus significados. Esta tecnología se ha utilizado con éxito para la visualización y la agrupación de datos, basándose en el análisis masivo de datos.

En la década de 1980, se produjo un resurgimiento del interés en las redes neuronales y las conexiones distribuidas para la modelización de sistemas inteligentes. Esto vincula de nuevo la IA subsimbólica al planteamiento conexionista, que se centra como hemos visto en el diseño y la creación de redes neuronales artificiales con vistas a reproducir la arquitectura cerebral conocida. Aunque los perceptrones multicapa y las redes neuronales ya habían sido propuestas en la década de 1960, no sería hasta la década de 1980 cuando se desarrollaron métodos de entrenamiento más efectivos, como pueden ser el algoritmo de retropropagación (*backpropagation*), que permitió el aprendizaje eficiente en redes más profundas. Como algoritmo de aprendizaje automático, la retropropagación es un paso crucial en un método común utilizado para entrenar de forma iterativa un modelo de red neuronal, utilizándose para calcular los ajustes de parámetros necesarios, para minimizar gradualmente el error.

Desde la década de 1990 hasta la actualidad, la IA subsimbólica ha continuado su evolución con avances significativos en varias áreas como lo son el *Deep Learning* (DL), las redes neuronales recurrentes (RNN), las *Long Short-Term Memory networks* (LSTM), y las redes neuronales convolucionales (CNN). La computación neuromórfica dentro de la IA subsimbólica se ha convertido también en un área de investigación activa. Esta tecnología busca imitar la consabida estructura y el funcionamiento del cerebro utilizando hardware especializado. Entre estas plataformas neuromórficas, cabe citar a *SpiNNaker* (dentro del proyecto *Human Brain Project* patrocinado por la Unión Europea) y *TrueNorth* (desarrollado por IBM Research), enfocados en redes neuronales de manera eficiente mediante ese hardware especializado.

1.2.2.3   Modelo Semántico

En términos de conocimiento, la interpretación correcta estriba no solo en mirar cuidadosamente los símbolos y su significado, sino en considerarlos en su contexto más amplio. El contexto depende de la cultura y del acervo compartido entre las personas que participan en la comunicación. Lo que es obvio para una persona puede no serlo para otra si no comparten el mismo hábitat cultural. Es aquí donde entra en juego la dimensión semántica de los símbolos. La semántica se ocupa entonces del significado en el ámbito del lenguaje, mientras que la semiótica se ocupa de los signos y símbolos en un sentido más amplio, abordando cómo se utilizan para representar y comunicar significado en diversas formas de expresión, no solo en el lenguaje verbal, sino también en imágenes, gestos, símbolos matemáticos, y otras formas de comunicación.

Los orígenes del modelo semántico en IA parten de la propuesta que en 2001 Tim Berners-Lee, el creador de la World Wide Web, realizó respecto a la Web Semántica. Este enfoque que continua en desarrollo y explotación con continuados resultados exitosos, implica enriquecer la información en la web con el metadatado de los significados, permitiendo a las máquinas comprender y procesar datos de manera más inteligente. La IA semántica, que puede también interpretar como una evolución de la simbólica, aunque en este paradigma, en lugar de depender exclusivamente de símbolos y reglas lógicas, se hace uso de representaciones semánticas para capturar el significado y las relaciones entre los conceptos. Se utilizan también ontologías para describir formalmente las relaciones entre conceptos, mediante estándares que permiten la representación de información semántica, facilitando la interoperabilidad y el intercambio de datos. Estas ontologías en las que la IA semántica se apoya son estructuras formales que representan conceptos y las relaciones entre ellos. Una ontología es por lo tanto *"una especificación explícita de una conceptualización"* [12] .

El modelo semántico de la IA se sustenta en cuatro componentes fundamentales. Primero, como ya hemos citado la representación del conocimiento, que incluye ontologías, grafos de conocimiento y esquemas que estructuran y relacionan información en un dominio específico. Segundo, el procesamiento del lenguaje natural (PLN), abarcando tareas como la tokenización, análisis sintáctico y semántico, resolución de ambigüedades y generación de lenguaje natural para interpretar y producir texto de manera coherente. Tercero, los modelos de aprendizaje profundo, como las redes neuronales recurrentes (RNN) y transformers, así como modelos preentrenados como GPT y BERT, que manejan y entienden secuencias de datos textuales complejas. Finalmente, las técnicas de inferencia semántica, que utilizan lógica difusa, inferencia bayesiana y redes semánticas para deducir significados y relaciones, manejando la incertidumbre y la variabilidad del lenguaje natural.

1.2.3   AGI y la singularidad tecnológica

El concepto de AGI (Artificial General Intelligence) o IA fuerte del que ya tratamos, ha estado presente en la literatura y la investigación sobre IA durante mucho tiempo. La AGI No tiene un único inventor o creador específico, sino que ha sido desarrollado y discutido por varios investigadores a lo largo del tiempo, pudiendo ser identificada con la IA fuerte que Serley propuso. AGI implica la capacidad de una máquina para entender, aprender y realizar cualquier tarea intelectual que un ser humano pueda hacer, tal y como el inventor Raymond Kurzweil proclama y argumenta en su libro *"How to Create a Mind: The Secret of Human Thought Revealed"* [13], en el que se sumerge en la relación entre la biología y la IA, explorando cómo podemos modelar y replicar procesos cognitivos humanos mediante la IA y destacando a su vez el papel crucial que el conocimiento y su gestión juegan en este proceso de creación de la AGI. Este mismo autor, en *"The Singularity Is Near: When Humans Transcend Biology"* [14] diserta sobre la singularidad tecnológica.

La singularidad tecnológica es el punto en el que el progreso tecnológico se acelera de manera exponencial, avanzando a un ritmo tal que sería difícil comprender o prever los cambios resultantes. Kurzweil propone a este respecto una ley de rendimientos acelerados, que afirma que el progreso tecnológico no es lineal, sino exponencial. Con ello, uno de los impulsores principales de la singularidad será el desarrollo de la AGI, partiendo de la cual las máquinas podrán mejorar su propia inteligencia, llevando a una explosión de inteligencia y capacidad tecnológica. Esto puede también implicar una fusión entre hombre y máquina, integrando de manera más estrecha la tecnología en nuestros propios cuerpos y cerebros, con el objetivo inicial de mejorar nuestras capacidades físicas y cognitivas. Tal sería el impacto de este transhumanismo transformador en la sociedad, la economía y la vida humana en general, que las predicciones y planificaciones convencionales serían inútiles llevándonos a una potencialmente peligrosa era de incertidumbre. A este respecto, el cofundador de Microsoft, Paul Allen, entre otros críticos con este parecer, llegaba a la conclusión de que la posibilidad de lograr una inteligencia de ese tipo es improbable en el siglo XXI, ya que requeriría *"avances imprevisibles y fundamentalmente impredecibles"* y una "*comprensión científicamente profunda de la cognición*" concluyendo de que la singularidad no está ni muchos menos cerca, en un artículo de publicado por el Instituto de Tecnología de Massachusetts (MIT) en 2011, titulado *"The Singularity Isn't Near"* [4].

Una conclusión sustentada en datos no es lo mismo que una opinión. Para establecer una conclusión, las fuentes han de ser contrastadas, los argumentos fundamentados en hechos y mediciones, y los planteamientos sistemáticamente revisados basándose en experimentación y desarrollos, si queremos que nuestro enunciado cumpla con unos mínimos en cuanto a rigor y validez. Las conclusiones a las que uno u otro investigador han llegado y quedan reflejadas a largo de estas páginas, pueden e incluso deben consultarse y contrastarse en la abundante bibliografía y multitud de referencias a las que hacemos cita.

---

[4] https://mitpress.mit.edu/

2 La evolución

2.1 Antecedentes

Conocer los orígenes históricos de la IA, permite aproximarnos a ella con un enfoque ampliado de lo meramente técnico. Los antecedentes de los que partimos, más allá de nuestro tecnificado mundo actual proporcionan las pautas y el contexto necesario para comprender cómo y por qué se desarrolló la IA. Esto incluye las influencias culturales, científicas y tecnológicas que dieron forma a su evolución a lo largo del tiempo. La historia de la IA se entrelazada así con cuestiones sociales y éticas. Al revisar cómo se han abordado estas cuestiones en el pasado, podemos informarnos sobre cómo manejar los desafíos éticos y sociales actuales y futuros asociados con la IA, para posicionarnos ante ellos de manera informada, y acertar con nuestros planteamientos.

2.1.1 Conocimiento

Trascendiendo planteamientos teóricos respecto al conocimiento, el cómo alcanzarlo en la práctica, cómo gestionarlo, cómo retenerlo, reproducirlo, compartirlo y expandirlo, es además de un anhelo propio de la condición humana, un punto referencial a la hora de plantear el desarrollo y la aplicación real de sistemas que desempeñen comportamientos inteligentes. En este sentido, la relación entre la IA y el conocimiento ha sido objeto de reflexión y estudio por parte de destacados investigadores. Citaremos solo cuatro de algunos de los múltiples autores y obras más significativas, en las cuales pueden encontrarse tanto enfoques eminente prácticos y técnicos, como fundamentos y planteamientos de fondo, que al lector sin duda le resultarán de utilidad.

Uno de los textos fundamentales que aborda esta conexión y que además vienen siendo el volumen de referencia en lo que al estudio de la IA se refiere, es *"Artificial Intelligence: A*

Modern Approach" de Stuart Russell y Peter Norvig [8]. En esta obra, los autores exploran conceptos clave como la representación del conocimiento, el razonamiento lógico y el aprendizaje automático (*machine learning*), delineando los fundamentos teóricos y prácticos de la IA contemporánea.

Judea Pearl, matemático, científico de la computación que ha desarrollado la aproximación probabilística a la IA y la formalización del razonamiento causal, ha contribuido significativamente al estudio de la relación entre la IA y el conocimiento a través de su libro "*Causality: Models, Reasoning, and Inference*" [15]. Pearl se centra en la causalidad de los hechos y argumenta metódicamente que comprender las relaciones causales es esencial para construir sistemas de IA más avanzados. Su trabajo ha influido así en la integración de conceptos causales en la representación del conocimiento en la IA, entroncando el fruto de sus investigaciones con el seminal enunciado wittgensteiniano de, «*el mundo es la totalidad de los hechos no de las cosas*» [4]

Douglas Hofstadter, en "*Gödel, Escher, Bach: An Eternal Golden Braid*" [16] ofrece una perspectiva única al explorar conexiones entre la lógica, la música, el arte y la IA. Aunque no se limita en su libro a nuestro objeto de estudio, su obra destaca por la interconexión que ofrece de diversos aspectos del conocimiento y cómo estos pueden influir en la creación de sistemas inteligentes. Concretamente, Hofstadter aborda el concepto de autorreferencia y autoorganización en sistemas complejos. En particular, utiliza la obra de Gödel para argumentar sobre los límites de la formalización en los sistemas lógicos y matemáticos. Gödel demostró matemáticamente que en cualquier sistema lógico lo suficientemente complejo, habrá proposiciones que son verdaderas, pero no pueden ser probadas dentro del sistema, por lo que el conocimiento no siempre puede demostrarse en veraz. Hofstadter también discute la idea de cómo extraer significado de la información, y cómo los patrones y estructuras emergen en sistemas complejos. La autorreferencia y la recursividad son temas claves también en esta obra, y utiliza ejemplos de Escher y Bach para ilustrar cómo estas ideas se manifiestan en distintos campos, desde las paradojas lógicas hasta la música y el arte visual.

Marvin Minsky, pionero en inteligencia artificial del que trataremos diferentes aspectos de sus trabajo a lo largo de este prólogo, presenta su visión sobre la importancia de la gestión del conocimiento en "*The Society of Mind*" [6]. Aquí Minsky propone un modelo en el cual la mente humana está compuesta por una sociedad de agentes mentales más simples, con implicaciones significativas en la representación del conocimiento que manejan, siendo la inteligencia fruto emergente de la interacción de estas entidades modulares. Estas entidades modulares, los llamados agentes, veremos son el fundamento de numerosas arquitecturas cognitivas, siendo el término «agente» utilizado frecuentemente, cuando nos queremos referir a una entidad que toma decisiones o realiza acciones en un entorno con el objetivo de alcanzar metas específicas. Los agentes pueden ser programas de software, robots físicos o incluso sistemas biológicos. La teoría de agentes en IA se basa en la idea de modelar sistemas que pueden percibir su exterior, procesar información y tomar decisiones autónomas para lograr objetivos. De esta forma nos encontramos con uno o varios agentes perceptuales encargados de la percepción del entorno, agentes deliberativos encargados de la toma de decisiones, agentes encargados de definir las metas y propósitos a conseguir, etcétera.

Estas obras y otras que citaremos a lo largo de este *prólogo a la IA*, no solo proporcionan una base teórica sólida para comprender los principios de la IA, sino que también ofrecen perspectivas diversas que van desde la representación formal del conocimiento hasta la emulación de procesos cognitivos humanos capaces de procesar y generar ese conocimiento. La investigación en IA se nutre de estas contribuciones, abordando cuestiones fundamentales sobre cómo las máquinas pueden adquirir, representar y utilizar el conocimiento para realizar tareas cognitivas complejas con un mayor o menor grado de autonomía y capacidad generativa. Es por eso por lo que insertaremos aquí un sucinto recorrido por los antecedentes históricos en la cultura occidental, de esa relación continua entre el ser humano y su búsqueda del conocimiento.

Uno de los mitos históricos más influyentes en el contexto de la búsqueda del conocimiento es el del Oráculo de Delfos; una figura venerada en la antigua Grecia cuyas profecías eran tan populares como enigmáticas. El oráculo era un lugar sagrado dedicado al dios Apolo, situado en una cueva profunda con una estrecha entrada, ubicada en el valle del Pleistos, junto al monte Parnaso, cerca de la actual villa de Delfos, en Fócida. La sacerdotisa del oráculo, conocida como Pitia, desempeñaba el papel de intermediaria entre los dioses y los mortales. Aquellos que buscaban consejo, orientación o previsión del futuro acudían al oráculo con preguntas que la Pitia respondía en un estado de trance, posiblemente debido a los gases emanados a través de las grietas en la roca. Ese presumible estado alterado de consciencia del que partían las manifestaciones de la Pitia ha jugado y juega aún hoy en día un papel relevante en muchos intentos de alcanzar el ansiado conocimiento.

La historia del Oráculo de Delfos refleja la profundamente arraigada aspiración humana de acceder a un conocimiento que trascienda las capacidades ordinarias. La Pitia, como intermediaria entre los dioses y los mortales, comparte similitudes con la IA moderna como intermediaria entre la vasta cantidad de datos y la toma de decisiones. En ambos casos, se busca una entidad que pueda traducir o procesar información de manera efectiva para brindar orientación o respuestas. La idea de consultar una fuente que posea conocimientos más allá de la comprensión humana es un tema que resuena en los fundamentos de la IA, reflejando una conexión intrínseca con el deseo humano de obtener conocimiento. En cierto sentido, el Oráculo de Delfos podría considerarse una forma arcaica de IA en la medida en que buscaba revelar verdades y proporcionar orientación más allá de la comprensión humana ordinaria.

En la evolución que parte del mito arcaico hasta llegar la ciencia moderna, hemos de hacer una reseña a un códice del medievo. El manuscrito en cuestión que fue compilado a finales del siglo IX en La Rioja, siendo mundialmente conocido por el nombre de *Codex Conciliorum Albeldensis seu Vigilanus*. Este nombre proviene del desaparecido Monasterio de San Martín de Albelda, donde se produjo la compilación original, refiriéndose su nombre también al compilador original, un monje llamado Vigila. El códice no solo contiene la primera representación de los guarismos del uno al nueve en Occidente, sino que también representa uno de los primeros esfuerzos conservados por recopilar y hacer accesible todo el conocimiento disponible. En este sentido, puede considerarse un antecesor de la Wikipedia, reflejando una conexión directa con los actuales sistemas avanzados de IA que buscan organizar y difundir el saber humano.

Entre sus ilustraciones encontramos una que representa a un *lector* sentado frente a una consola con el título de *codex* sobre un artefacto que la sustentaba llamado *analogium*. Tal y como muestra mediante la simbología la ilustración, cuando un lector consultaba el códice, el conocimiento contenido en dicho códice era procesado mediante su propio razonamiento. A través de la lectura y la reflexión, el lector interpretaba la información, combinándola con su propio entendimiento y experiencia previa, lo que le permitía generar inferencias y, en última instancia, nuevo conocimiento. En contraste, nuestros sistemas actuales de IA integran todo este mecanismo de manera completamente artificial sin contar apenas con la intervención del *lector*. La IA está diseñada para procesar vastas cantidades de datos, extraer patrones y hacer inferencias, similar a cómo un lector humano procesaría un texto. Sin embargo, la IA lo hace a una escala y velocidad que supera con creces las capacidades humanas.

Siglos después, en sus notas Ana Lovelace reconocida por haber publicado lo que ahora se considera el primer algoritmo destinado a ser procesado por el artefacto ideado por Babbage, escribió que esa Máquina Analítica no estaba limitada solo a cálculos numéricos, sino que también podría manipular símbolos y letras. Argumentó por lo tanto que la máquina podría usarse para crear cualquier forma de información, incluyendo música y arte, y expresó la idea de que la máquina podría pensar en cierto sentido, no solo realizar cálculos. Aunque estos escritos no hablan directamente de la IA como la entendemos hoy en día, dejan entrever que Ada Lovelace estaba vislumbrando la posibilidad de que las máquinas pudieran realizar tareas mecanizadas más allá de los cálculos puramente numéricos y la representación de la información [17].

La tarea de organizar y sintetizar información y conocimiento para crear un recurso coherente que podamos consultar, y que eventualmente sea capaz de generar nueva información, es un precursor conceptual de la organización de datos en sistemas de IA modernos. Bajo esta premisa y ya en el siglo XX, la pedagoga Ángela Ruiz Robles con su patente número 190698 de 1949 con un *procedimiento mecánico, eléctrico y a presión de aire para lectura de libros*, planteaba que las lecciones de cada asignatura estuviesen separadas y dispuestas en diversas placas que al ser accionadas mediante pulsadores se elevarían mecánicamente o por aire comprimido, hasta mostrarse a través de una pantalla de plexiglás transparente y con capacidad de aumento. El aparato también tenía previsto que la página, al mostrarse, se iluminara mediante un pulsador eléctrico activando una pequeña bombilla alimentada con pila o mediante fosforescencia, constituyendo el precursor del actual libro electrónico y de las interfaces de consulta de los sistemas de IA contemporáneos.

2.1.2 Autómatas

Un autómata es un modelo matemático o computacional que representa un sistema dinámico que cambia de un estado a otro en respuesta a ciertos eventos [18]. Los autómatas se utilizan comúnmente para describir comportamientos de sistemas o procesos en una variedad de campos, incluyendo la teoría de la computación y la teoría de lenguajes formales. Un autómata puede transformarse en un dispositivo mecánico, tal cual enuncia ese pilar de la teoría computacional llamado Máquina de Turing, o robótico como todos lo que nos podemos encontrar en las factorías industriales modernas. Sin embargo, apartando nuestro foco de atención de estos planteamientos estrictamente científicos y tecnológicos en relación con los autómatas, conviene hacer una pequeña parada que enfatice la fascinación que el ser humano ha mostrado siempre por los artefactos mecánicos aparentemente dotados de inteligencia y autonomía propios. La fascinación por artefactos inteligentes se ha reflejado en la literatura y la cultura popular, desde la creación de robots en la ciencia ficción hasta representaciones de IA en películas y libros. Estas representaciones han influido en la percepción pública de la IA y han alimentado la imaginación y la investigación.

Entre multitud de ejemplo citaremos aquí tan solo la historia de Francine Descartes, hija de Rene Descartes que falleció cuando solo tenía cinco años víctima de la escarlatina. El autor del «cogito ergo sum» llamó a esto el mayor dolor de la vida, y diferentes fuentes afirman poco después construyó un autómata con la imagen y comportamiento de su hija y la perfección de las manecillas de un reloj. Así, Descartes llevaba a su hija autómata a todos sus viajes hasta que en 1649 emprendió el último de ellos a la corte de la Reina Cristina de Suecia. El azar quiso que el capitán del barco en el que viajaba encontrara en su camarote una muñeca con delicado rostro de porcelana que se movía y emitía sonidos humanos, siendo tan terrorífica la experiencia para él, que decidió de inmediato arrojarla por la borda.

El experto en robótica Masahiro Mori acuñó en 1970 el término «valle inquietante», con el que advierte que conforme las representaciones robóticas o de IA antropomórficas se vuelven más realistas, la respuesta emocional positiva de las personas hacia ellas aumenta, pero solo hasta cierto punto. Cuando la semejanza es casi perfecta, pero no del todo, los observadores pueden sentir una sensación de inquietud, rechazo o aversión, creando un valle en la gráfica de la aceptación emocional que puede devenir en rechazo [19] .

Esta aversión a una nueva tecnología, podemos encontrarla también en la mecanización de todo tipo de procesos, incluidos aquellos productivos de bienes de consumo. Joseph Marie Jacquard ideo en plena Revolución Industrial un sistema de telar mecánico en el que mediante el uso de tarjetas perforadas era capaz de tejer patrones en tela, permitiendo que trabajadores no especializados fueran capaces de elaborar diseños con un alto grado de complejidad. Ante esto, el movimiento «*ludita*» que tuvo lugar en Inglaterra a principios del siglo XIX, llevaba a cabo actos de sabotaje destruyendo maquinaria textil y otras instalaciones industriales. Los *luditas* eran trabajadores textiles y artesanos que se oponían a la introducción de maquinaria industrial, especialmente a las máquinas tejedoras automáticas, que amenazaban con eliminar puestos de trabajo y disminuir la importancia de las habilidades artesanales. Situación análoga a que respecto a la IA en algunos sectores del mundo laboral hoy en día se plantea.

2.2 Primera etapa

El consenso más extendido respecto a la evolución de la IA, es el de dividirla en diferentes etapas u olas de gran actividad que también son llamados veranos de IA, seguidas por otras de estancamiento en los desarrollos, conocidos como inviernos. Durante un invierno de la IA, los avances son más lentos, la financiación se reduce y hay una disminución en la atención y la confianza en la capacidad de la IA para lograr resultados prácticos.

2.2.1 Neuronas Artificiales (1943)

La IA tal y como hoy la conocemos, puede considerarse comenzó en 1943 con la publicación del artículo *"A Logical Calculus of Ideas Immanent in Nervous Activity"* de Warren McCullough y Walter Pitts. En ese trabajo, los autores presentaron el primer modelo matemático para la creación de una red neuronal, basado en conceptos lógicos. La neurona lógica según sus planteamientos tiene entradas ponderadas y produce una salida binaria en función de si la suma ponderada de las entradas supera un umbral fijo. Los autores argumentan que las redes neuronales en el cerebro pueden realizar cálculos lógicos complejos mediante la conexión de estas neuronas lógicas en redes. La salida de una neurona se convierte en la entrada de otra, permitiendo la realización de operaciones lógicas más avanzadas, demostrando que su modelo de neurona lógica es equivalente en capacidad computacional a una máquina de Turing, un concepto clave en la teoría de la computación. Esto sugería que el cerebro, en principio, podría realizar cualquier cálculo que una máquina de Turing pueda hacer.

Aunque el artículo no se centra directamente en la IA y enuncia un concepto de neurona binario, sentó las bases para el desarrollo de modelos computacionales inspirados en la estructura y función del cerebro. El trabajo influyó en investigaciones posteriores sobre redes neuronales artificiales y enfoques basados en la biología para la construcción de sistemas inteligentes. Así, el primer ordenador de red neuronal, SNARC (*Stochastic Neural Analog Reinforcement Calculator*), fue desarrollado a partir de un proyecto comenzado en 1951 por dos alumnos de Harvard: Marvin Minsky y Dean Edmonds. Esta computadora contaba con un total de cuarenta neuronas artificiales. Cada neurona artificial se componía de un condensador para la memoria a corto plazo y un potenciómetro como los que se encuentran comúnmente en los controles de volumen para la memoria a largo plazo. La inventiva y capacidad resolutiva de la ingeniera a la hora de crear dispositivos físicos capaces de implementar los modelos teóricos, haciendo uso de la tecnología disponible en cada momento, queda patente y manifiesta en este ingenioso artefacto ideado por Minsky y Edmonds, capaz de reproducía de manera artificial las funcionalidades conocidas de la neurona con válvulas de vacío.

La función de activación de una neurona artificial es la encargada de relacionar la información de entrada de la neurona con el siguiente estado de activación que tendrá. Podemos plantear un modelo acotado, en el que el valor de la activación de la neurona puede ser cualquiera dentro de un rango continuo de valores, o no acotado, en el que no existe ningún límite para los valores de activación. Cuando se diseña una red neuronal debe establecerse cómo van a ser los valores de activación de cada neurona y se debe decidir la función de activación con la que cada neurona procesará las entradas. Así podemos crear neuronas lineales, cuando su salida es linealmente dependiente de sus entradas, es decir, proporcional a las funciones de transferencia y de activación, y neuronas no lineales, cuando o bien la función de activación, o bien la función de transferencia a otras neuronas, o ambas, son funciones no lineales. Este tipo no lineal de neuronas produce respuestas acotadas, desapareciendo los problemas de fluctuación y la falta de adecuación a señales pequeñas y grandes.

Frank Rosenblatt desarrolló esto creando el concepto de perceptrón en 1957. Su trabajo pionero en este campo se plasmó en el artículo titulado "*The Perceptron, a Perceiving and Recognizing Automaton*" publicado en la revista Psychological Review. Rosenblatt propuso el perceptrón como un modelo de neurona artificial y describió cómo podría utilizarse para realizar tareas de reconocimiento de patrones. El perceptrón de Rosenblatt es un modelo de red neuronal de una sola capa, diseñado para realizar tareas de clasificación lineal. Este perceptrón simple está formado por dispositivos de umbral y, por tanto, útiles para la representación de funciones booleanas. La estructura del perceptrón se inspira en las primeras etapas de procesamiento de los sistemas sensoriales de los animales, en los cuales la información va atravesando sucesivas capas de neuronas, que realizan un procesamiento progresivamente de más alto nivel. En este modelo hay dos capas de neuronas, una de entrada y otra de salida. Las neuronas de entrada no realizan ningún cómputo, únicamente envían la información discretizada en forma de {0, 1} a las neuronas de salida. La función de activación de las neuronas de la capa de salida es de tipo escalón.

En 1969 el propio Minsky junto con Seymour Papert, publicarían la primera edición del libro *"Perceptrons: an introduction to computational geometry"* [20] . En este libro, Minsky y Papert abordan el estudio de los perceptrones como modelos matemáticos de neuronas artificiales, y exploran sus limitaciones, en términos de su capacidad para aprender ciertas funciones. Con ello mostraron que los perceptrones simples no pueden aprender funciones no lineales, lo que limita su utilidad para resolver problemas más complejos. De esta forma argumentaron que para abordar problemas más complejos y realizar tareas de aprendizaje más avanzadas, se requerían redes neuronales más complejas y capas múltiples, lo que eventualmente llevó al desarrollo de las redes neuronales profundas.

2.2.2 Cybernetics (1948)

La obra más conocida del matemático Norbert Wiener es *"Cybernetics: or Control and Communication in the Animal and the Machine"* [21], en el que el Wiener introduce y desarrolla el concepto de cibernética, que es el estudio de sistemas de control y comunicación en seres vivos y máquinas.

En *Cybernetics*, se examina cómo los sistemas pueden regularse y comunicarse a sí mismos, y se exploran las similitudes entre los sistemas biológicos y mecánicos. Este trabajo sentó las bases para la cibernética como un campo interdisciplinario que aborda la autorregulación y la comunicación en sistemas complejos reguladores, que son mecánicos, biológicos, o con cualquier otra base física, examinando los conceptos de control y comunicación, también en organismos vivos, máquinas y organizaciones. La cibernética es una ciencia interdisciplinaria que se enfoca en cómo un sistema procesa información, responde a ella y cambia o es cambiado para un mejor funcionamiento. Es por lo tanto una teoría general de procesamiento de información, control de retroalimentación y toma de decisiones.

Este libro influyó no solo en el nacimiento de la cibernética y la teoría de autómatas, sino que también tuvo un impacto significativo en la teoría de la información y otras disciplinas prácticas relacionadas con el control de procesos

2.2.3 Test de Turing (1950)

En el artículo *Computing Machinery and intelligence* [22] publicado en 1950, el matemático y fundador de la ciencia computacional Alan Turing planteó una serie de preguntas y supuestos fundacionales de la IA. En este artículo, en vez de plantearse directamente la respuesta a la pregunta de si las máquinas son capaces de pensar, Turing propone un experimento mental, que más tarde se popularizó con el nombre de *Test de Turing*. En el escenario propuesto un juez humano inicialmente interactúa con dos personas, un hombre y una mujer, y ha de averiguar tan solo mediante preguntas y respuestas y sin tener otro tipo de contacto con ellos que no sea a través de textos escritos, quien es el hombre y quien la mujer. Luego Turing propone sustituir a uno de ellos por una máquina, planteando el mismo reto de distinguir de manera confiable entre el humano y la máquina basándose solo en preguntas y respuestas.

Turing reconoce la dificultad de definir la inteligencia de manera precisa, sugiriendo que puede ser más práctico centrarse en el comportamiento observable en lugar de proporcionar una definición abstracta. Argumenta que, si una máquina puede exhibir un comportamiento inteligente indistinguible del humano, entonces, por analogía, puede considerarse inteligente. Con ello también reconoce las limitaciones de su argumento y aborda posibles objeciones, como las relacionadas con la consciencia, las emociones y las limitaciones de la prueba propuesta. Sin embargo, sugiere que estos problemas no necesariamente niegan la posibilidad de la IA.

El artículo concluye dejando a su autor a la espera de que las máquinas eventualmente compitan con los hombres en todos los campos puramente intelectuales. Pero ¿cuáles son los mejores para empezar? Incluso esta es una decisión difícil. Muchas personas en su época pensaban que una actividad muy abstracta, como jugar al ajedrez, sería la mejor. Otras sostenían que es mejor proporcionar a la máquina los mejores órganos sensoriales que el dinero pueda comprar y luego enseñarle a entender y hablar inglés, en un proceso análogo a la enseñanza normal de un niño. Se señalarían cosas y se les daría nombres, etcétera. Turing dice no saber cuál es la respuesta correcta, pero creía que ambas aproximaciones deberían intentarse. El test de IA ideado a raíz de este artículo de Turing ha tenido una repercusión e influencia superlativa en multitud de estudios, análisis e investigaciones posteriores. Ahora bien, de una lectura mínimamente crítica de la fuente original podemos sacar rápidamente la conclusión de que las más de las veces, obviamos que el propio Turing no abordó de manera directa la cuestión de si una máquina es capaz de albergar o no inteligencia. Turing partió del subterfugio de un supuesto en el que un juez ha de evaluar si alguien es hombre o mujer (en clara alusión a sus propios condicionantes personales), para luego saber si ese juez era capaz de distinguirlo de una máquina, lo que en caso contrario podría ser considerado como una demostración de inteligencia de la máquina, ¿o falta de habilidad por parte del juez? Lo de la prueba de Turing, ha sido en parte como si desde la invención de la aviación, el único objetivo de esta hubiera sido el de crear aparatos voladores indistinguibles de un pájaro, y para evaluar si realmente vuelan utilizáramos como prueba irrefutable la de no poder distinguirlos de un jilguero siberiano. Como un Airbus se distingue claramente de este, entonces no vuela. Aunque siguiendo con este juicio ¿quién podría negar la evidencia de que se desplaza grácilmente por el cielo?

2.2.3.1   La habitación china

El experimento mental de la habitación china fue propuesto por el filósofo John Searle en 1980 para cuestionar la idea de la prueba propuesta por Turing y la de la posibilidad de la IA fuerte. En este supuesto, Searle imagina a una persona que no habla chino encerrada en una habitación. Esta persona tiene instrucciones sobre cómo manipular símbolos chinos, los cuales le son entregados por una ventana, sin comprender realmente el significado de esos símbolos. Con este planteamiento y gracias a las instrucciones que posee, la persona puede dar respuestas aparentemente coherentes a preguntas en chino, devolviéndolas por otra ventana, pero sin comprender el idioma; tan solo lee y aplica las instrucciones.

La conclusión específica del argumento es que programar una computadora digital puede hacer que parezca entender el lenguaje, pero no podría generar comprensión real. Por lo tanto, la prueba de Turing es insuficiente. Searle argumenta que el experimento mental destaca el hecho de que las computadoras simplemente utilizan reglas sintácticas para manipular cadenas de símbolos, pero no tienen comprensión del significado o la semántica. La conclusión más amplia del argumento es que se refuta la teoría de que las mentes humanas son sistemas computacionales o de procesamiento de información similares a las computadoras. En cambio, las mentes deben de ser el resultado de procesos biológicos, mientras que las computadoras pueden, en el mejor de los casos, simular estos procesos biológicos. Por lo tanto, el argumento tiene amplias implicaciones para la semántica, la filosofía del lenguaje y la mente, las teorías de la conciencia, la informática y la ciencia cognitiva en general.

Algunos críticos sostienen que, aunque la persona no comprende el chino, eso no significa que la habitación como sistema completo no pueda realizar tareas que requieran conocimiento o comprensión aparente. Argumentan que, en la práctica, la distinción entre simulación y comprensión real puede no ser tan clara como sugiere el experimento mental, dado que en él se evalúa el comportamiento de un operador humano que podemos fácilmente evaluar, y no el del sistema completo. Esta crítica destaca la importancia de ponderar el rendimiento global del artefacto al completo, en lugar de enfocarse exclusivamente en cuestiones metafísicas sobre la comprensión de sus componentes. Si la máquina puede producir resultados consistentes y útiles, esto puede ser suficiente para ciertos contextos y aplicaciones, incluso si no hay una comprensión profunda en el sentido humano del término.

2.2.3.2 Otros test de IA

Entre las respuestas al experimento mental de la habitación china, psicólogos como Stevan Harnad de la Universidad de Southampton, argumentaron en la década de 1990 mediante diferentes razonamientos que la IA no puede ser constituida únicamente por un programa que se ejecuta en una computadora. Añade dos requisitos más a la prueba de Turing tradicional. La prueba ha de evaluar también las habilidades cognitivas del sistema y su capacidad para manipular objetos. Esto se traduce básicamente en un robot mecánico con un sistema de visión artificia, que sea capaz de interactuar con el mundo real de objetos y personas, haciendo tareas propias de humanos.

En una actualización de 2001 de la prueba de Turing, Los investigadores Bello, Ferrucci y Bringsjord diseñan una nueva prueba para máquinas destinada a evaluar su creatividad. Esto es debido a que la máquina de entrada, nunca origina nada sino que simplemente sigue un conjunto de instrucciones, algo que Ada Lovelace ya advirtió en su momento, y llamando por lo tanto a este test, el test de Lovelace [23]. Se establece aquí que un agente artificial A pasa el test de Lovelace si y solo si el agente A produce resultados R, el conjunto R no puede ser fruto del error sino de procesos que A puede repetir, y tan solo conociendo la arquitectura de A, no se puede explicar R. Así, en el Test de Lovelace las capacidades de comunicación en lenguaje natural de la máquina no tienen tanta importancia como en el de Turing. De hecho, no existe restricción alguna sobre el dominio en el que la máquina debe expresar su creatividad.

En 2010 Aroon Sloman, Catedrático de Filosofía de la Universidad de Birmingham, sugiere que, si un robot es capaz de reflexionar sobre el mundo hasta el punto de llegar a las cuestiones que plantean los filósofos actuales, entonces no es que ya sea inteligente, sino que además es consciente. A pesar de que la prueba no tenía la intención de ser una propuesta seria, se ha considerado cuidadosamente y ha llamado mucho la atención en la comunidad científica, lo que finalmente llevó a un número especial de la revista *International Journal of Machine Consciousness*[5].

2.2.4 Theseus (1951)

El creador de la Teoría de la Información, Claude Shannon construyó en 1951 un ratón mecánico capaz de encontrar la salida a un laberinto en el cual se le posicionaba físicamente. Este dispositivo bautizado con el nombre de *Theseus*, estaba compuesto por un sistema electromagnético que dependía de una computadora basada en relés también electromagnéticos para guiarlo a través de un laberinto. Este artefacto tenía la capacidad gracias al soporte que la computadora le brindaba de encontrar la meta y trazar un camino hacia ella después de ser colocado en cualquier cuadrado del laberinto. En el supuesto de ser colocado en un área no explorada previamente, el ratón realizaría búsquedas siguiendo unas pautas establecidas, hasta llegar a un territorio conocido para luego dirigirse hacia la meta.

Este ratón mecánico representó una de las primeras demostraciones de aprendizaje automático y por ende de IA, estando su algoritmo dotado de la capacidad de aprender de

---

[5] https://www.worldscientific.com/worldscinet/ijmc

sus errores, mejorando su rendimiento con el tiempo. Podía por ejemplo cambiar a un plan alternativo si intentaba la misma secuencia de pasos sin éxito en repetidas ocasiones, demostrando así una capacidad de adaptación y mejora en su estrategia, lo cual implicaba que las máquinas serían capaces en la práctica de aprender y adaptarse a nuevas situaciones de manera independiente y automática. Esto fue el génesis de las competiciones de *Micromouse*. A día de hoy estas competiciones se siguen llevando a cabo periódicamente. El objetivo de la competición es simple; llegar a la casilla de destino de un laberinto en el menor tiempo posible. Dicha casilla suele estar en el centro, y no se permite a los competidores actualizar la programación de sus vehículos una vez que se revela la disposición del laberinto al inicio de un evento, primando así su capacidad de aprendizaje y adaptación.

Ese mismo año de 1951, Shannon publicaría el artículo "*Prediction and Entropy of Printed English*" [24], una teoría matemática de la comunicación que estima la entropía y redundancia de un lenguaje basándose en el conocimiento de sus estadísticas y la previsibilidad de sus letras. En él se ofrecen dos métodos para estimar la entropía del lenguaje. La redundancia, o el número de restricciones impuestas al texto del idioma inglés, provoca una disminución en su entropía general. Verbigracia, reglas como "*i before e except after c*" de la lengua inglesa y el hecho de que una «q» siempre debe ir seguida de una «u» son dependencias que hacen que el idioma inglés sea más redundante. Las reglas de gramática, las partes del discurso y el hecho de que no podemos inventar palabras también contribuyen a la redundancia. Este y otros aspectos definidos en épocas pretéritas son la base mediante la que funcionan los sistemas de traducción automática.

2.2.5 Univac (1952)

Univac fue una computadora creada por John Mauchly y Presper Eckert, los cuales años antes durante la segunda guerra mundial también habían sido los responsables del proyecto de creación de una de las primeras computadores propósito general, digital y Turing completa; Eniac. Una computadora Turing completa es un concepto fundamental en la teoría de la computación desarrollada por Alan Turing en la década de 1930. Se refiere a un sistema computacional que puede simular cualquier otra máquina de Turing y, por lo tanto, puede llevar a cabo cualquier cálculo que sea posible realizar algorítmicamente [18]. Univac pesaba siete toneladas, estaba compuesto de más de cinco mil válvulas de vacío, tenía memorias de mercurio, y ocupaba treinta y cinco metros cuadrados de superficie. Fue una de las primeras computadoras comerciales disponible.

Esta máquina se hizo muy famosa y tuvo un fuerte impacto mediático, por predecir el resultado de las elecciones presidenciales de EEUU de 1952. Mauchly programó la computadora para realizar cálculos concretos basados en datos históricos y encuestas, y no había en ello un componente de aprendizaje automático o IA que se adaptara a nuevas situaciones y tomara decisiones autónomas basadas en patrones identificados durante un entrenamiento previo. Incluso se pueden encontrar detalles sobre la forma en la que hizo esa programación ad hoc. Sin embargo, la noticia tuvo un impacto significativo en el pensamiento del público en general, y en la percepción de la capacidad de las computadoras en su tiempo. Esto llevó a un interés creciente por parte de la comunidad científica y tecnológica hacia nuevas líneas de investigación sobre las capacidades de las computadoras en el incipiente campo de la IA. Recordemos esta era la época en la que a las computadoras se les comenzó a conocer con el sobrenombre de «cerebros electrónicos» [25].

2.2.6   Las conferencias Darmouth (1956)

El término «Inteligencia Artificial» comenzó a tener relevancia a partir de las conferencias *Dartmouth Summer Research Project on Artificial Intelligence* organizada por el informático John McCarthy y que tuvieron lugar en el Dartmouth College en Hanover, Nuevo Hampshire, en el verano de 1956. Muchos consideran esta conferencia como el verdadero nacimiento de la IA, tal y como se conoce hoy en día. McCarthy eligió el nombre en parte por su neutralidad, evitando centrarse estrechamente en la teoría de autómatas y también evitando la cibernética, que estaba tal y como hemos visto fuertemente enfocada en la retroalimentación analógica. Además, así evitaba tener que aceptar a Norbert Wiener en las conferencias y justificaba la financiación que solicitó a la *Rockerfeller Foundation* para realizar las conferencias. La mayoría de los ponentes en las conferencias Darmouth rondaban la treintena y pertenecían a una nueva generación de científicos e investigadores que apostaban por las tecnologías computacionales digitales, mientras Wiener que pasaba de los sesenta y era considerado de trato agreste, apostaba por la analógica de su *Cybernetics*. No asistiría.

En esta serie de conferencias llevadas a cabo en diferentes sesiones, un grupo formado por once investigadores fueron convocados a presentar los objetivos, avances y la visión de futuro de la IA. Ellos fueron Marvin Minsky, Julian Bigelow, D.M. Mackay, Ray Solomonoff, John Holland, Claude Shannon, Nathaniel Rochester, Oliver Selfridge,Dr. Allen Newell, Herbert Simon y el propio John McCarthy. El objetivo principal de las conferencias de Dartmouth era explorar cómo las máquinas podrían simular actividades cognitivas humanas como el aprendizaje, el razonamiento y la resolución de problemas. Se discutieron diversos temas, desde el uso de programas de computadora para jugar ajedrez hasta la creación de máquinas que pudieran comprender y utilizar el lenguaje natural.

Los investigadores en psicología cognitiva Allen Newell y Herbert Simon, habían estado trabajando en un programa que realizara operaciones similares a las del pensamiento humano y según Marvin Minsky, aunque algunos de los ponentes acudieron a las conferencias con grandes ideas, los únicos que entonces tenían una idea clara de los era un programa, así como lo que esto implicaba y al mismo tiempo, fueron ellos los únicos que realmente presentaron un programa que fuera capaz de realizar algo similar que lo que constituye un proceso humano cognitivo [7].

2.2.7 Checkers (1959)

Fue a lo largo de esa década de 1950 en la primera de las etapas historias de la evolución de la IA, cuando el pionero Arthur Samuel desarrollo para la primera computadora científica comercial de IBM, el modelo 701, un software capaz de aprender a jugar al ajedrez de forma autónoma. El programa de ajedrez de Samuel utilizó un método de aprendizaje basado en el refuerzo. Específicamente hizo uso de la técnica de aprendizaje por diferencia temporal. Con ello no incluyó recompensas explícitas, pero ajustó el peso en su algoritmo para evaluar una de las características más importante; la ventaja de las piezas. Esto permitía medir la cantidad de piezas del programa en comparación con las de su oponente. Samuel introdujo refinamientos para que el programa fuera más propenso a intercambiar piezas cuando estaba ganando en lugar de cuando estaba perdiendo. La relación entre el ajedrez y la IA desde entonces, se ha centrado en la complejidad estratégica inherente al juego y en cómo las máquinas han sido utilizadas para abordar y superar este desafío, mediante su capacidad de explorar un vasto espacio de posiciones y evaluarlas de manera rápida y eficiente, para elegir una de múltiples posibles opciones. Los algoritmos de búsqueda y evaluación son la base para que las máquinas tomen decisiones estratégicas, y es a partir de las investigaciones en torno al ajedrez, cuando se comenzó a hacer implementaciones prácticas de estos algoritmos. A este respecto, el matemático e informático soviético Alexander Kronrod sostenía que el ajedrez es la «drosophila» de la IA [26]. Con esto planteaba una analogía con el uso que los genetistas hacen de esa mosca de la fruta en los laboratorios a la hora de estudiar la herencia. Jugar de manera exitosa al ajedrez requiere ciertos mecanismos intelectuales, objeto de estudio.

Los programas de ajedrez ahora juegan al nivel de gran maestro, pero lo hacen con mecanismos intelectuales limitados en comparación con los utilizados por un ser humano jugador de ajedrez, el cual sustituye grandes cantidades de cálculo y memoria por comprensión. Una vez que comprendamos mejor estos mecanismos, podremos construir a programas de ajedrez que requieran de muchos menos cálculos y de una base de datos mucho más reducida que los programas actuales. Desafortunadamente, hasta ahora los condicionantes competitivos y comerciales a los que se deben las empresas de computación, han tenido prioridad sobre el enfoque del ajedrez como dominio científico. Es como si los genetistas después de descubrir las características únicas de la mosca de la fruta hubieran organizado carreras de insectos y concentrado sus esfuerzos en criar nuevas moscas que pudieran ganar estas carreras.

2.2.7.1 Ajedrez e IA

El ajedrez es un deporte[6] que parte de una situación de información perfecta. Esto implica que ambos contrincantes conocen todos los elementos del juego en todo momento. Es la complejidad estratégica se deriva de la cantidad masiva de posiciones y movimientos posibles, lo que hace que el ajedrez sea un campo fértil para desafiar las capacidades de la inteligencia humana y los diferentes mecanismos que pretenden emularla. Claude Shannon, un matemático y científico de la computación, calculó que la cantidad de posiciones posibles en el ajedrez es del orden de 10^{43} y 10^{50}. Esta cantidad resulta cuando menos sorprendente cuando se estima que el número de átomos del universo es de 10^{80}, aunque lo transcendental del ajedrez en el ámbito de estudio que nos ocupa, es su influencia en los procesos cognitivos. Las capacidades que poseemos las personas pueden ser desarrolladas y mejoradas a través del ejercicio y la práctica de ajedrez, el cual es utilizado como una herramienta que

---

[6] https://www.fide.com/

permite la estimulación de los procesos cognitivos a través de ejercicios y situaciones estructuradas. Así lo acredita por ejemplo el programa «Ajedrez en la escuela» propuesto por el Parlamento Europeo, el cual subraya los efectos beneficiosos del ajedrez en la mejora de la concentración, la paciencia y la persistencia, destacando que puede ayudar a desarrollar el sentido de la creatividad, la intuición, la memoria y las competencias tanto analíticas como de toma de decisiones. Estas capacidades potenciadas se traducen entre otras, en la anticipación ante las consecuencias de una determinada acción que se pretende llevar a cabo, la planificación para desarrollar un plan de acción a través de la aplicación de diversas técnicas de organización, la ejecución de respuestas adecuadas a las exigencias del ambiente, y el autocontrol y autorregulación reconociendo errores cometidos y determinando los aspectos que se han de mejorar. [27]

En cuanto a los diversos intentos que se han venido realizando para automatizar el ajedrez, y por lo tanto automatizar los procesos cognitivos que conlleva, hemos de remontarnos sus orígenes para obtener la siempre necesaria perspectiva al respecto. En ese aspecto, es alrededor del siglo X cuando está documentado se jugaba ya en la península ibérica uno de los predecesores del ajedrez. Aunque no fue hasta tres siglos después, en tiempos de Alfonso X el Sabio, cuando los trabajos o piezas del ajedrez tomaron la nomenclatura y forma que hoy en día mantienen, con el rey, la reina, los caballeros, las torres, los alfiles y lo peones.

Wolfgang von Kempelen y exhibido a partir de la década de 1770, un autómata que representaba a un turcomano sentado detrás de un escritorio frete a un tablero de ajedrez. Este artefacto supuestamente tenía la capacidad de jugar ajedrez contra oponentes humanos y ganar, aunque en realidad, ocultaba un pequeño espacio bajo él, donde un jugador humano hábil se escondía y operaba el mecanismo del autómata. A lo largo de los años, este artilugio tuvo varios operadores notables, incluido el campeón de ajedrez Johann Allgaier, que en 1809 las crónicas afirman ganó una partida al mismísimo Napoleón en el Palacio de Schönbrunn de Viena.

Tan solo con los avances en ciencia y tecnología del siglo XX, se produjo un cambio significativo en la capacidad de las máquinas que permitió a Leonardo Torres Quevedo, un ingeniero e inventor español, el desarrollo de máquinas electromecánicas capaces entre otras funcionalidades, de jugar al ajedrez. El *Ajedrecista* que diseñó y construyó en 1912,

jugaba automáticamente un final de rey y torre contra el rey de un oponente humano. El *Ajedrecista* utilizaba dispositivos electromagnéticos para controlar el movimiento de las piezas de ajedrez en un tablero. Cada pieza tenía un imán incorporado, y el tablero estaba equipado con sensores electromagnéticos, de manera que cuando una pieza se movía, los sensores detectaban su posición.

Claude Shannon, en su artículo de 1950 *Programming a Computer for Playing Chess* [28] discutió la posibilidad de programar una computadora para jugar ajedrez y planteó ideas clave, como la idea de evaluar posiciones de ajedrez y la importancia de la búsqueda en árbol para analizar posibles movimientos. Estas ideas se han convertido en fundamentales para el desarrollo de programas de ajedrez y otras aplicaciones de IA. Shannon sentó así las bases para el desarrollo de la computación aplicada a la IA, y su trabajo en el ajedrez contribuyó al avance de la programación de computadoras para tareas complejas y estratégicas.

Sería en 1951 cuando Alan Turing intentó implementar uno con su programa de computadora para jugar ajedrez, el Turbochamp, en una de las primeras computadoras que se comercializó, la *Ferranti Mark I*. *Turbochamp* no era particularmente fuerte en términos de juego de ajedrez, y Turing no consiguió implementarlo por completo, aunque jugó un partido contra el informático Alick Glennie usando el programa en el verano de 1952. Para ello ejecutó de manera manual cada uno de sus pasos.

Finalmente, con motivo de la conferencia del Centenario de Turing en junio de 2012 fue implementado en una computadora real, y Gary Kasparov jugó contra él en Manchester. Kasparov ganó al programa sin dificultad, en tan solo diez y seis jugadas, aunque en un comentario posterior el campeón mundial resaltó el extraordinario avance que representó este programa en el momento que fue escrito, cuando prácticamente no había computadoras disponibles. Kasparov además remarcó el hecho de que, si Turing hubiera vivido más, el mundo hoy sería un lugar diferente.

2.2.8 Advice Tacker (1959)

El *Advice Tacker* (consejero automático), propuesto por John McCarthy en 1959 en su artículo "*Programs with Common Sense*", fue un programa hipotético que plateó el uso de la lógica para representar información en computadoras.

McCarthy estableció que la habilidad de razonar con sentido común es clave para la IA, proponiendo que este programa pudiera mejorar su comportamiento simplemente recibiendo declaraciones sobre su entorno simbólico y objetivos. Un programa se consideraría entonces que tiene sentido común si es capaz de deducir automáticamente un amplio espectro de consecuencias inmediatas de lo informado y lo ya conocido.

2.2.9 LISP (1960)

LISP (*LISt Processor*) es un lenguaje de programación desarrollado por Jonh McCarthy, y publicado en un artículo de la Communications ACM [7] titulado "*Recursive Functions of Symbolic Expressions and Their Computation by Machine, Part I*". La segunda parte, nunca fue publicada.

LISP se ha venido utilizado ampliamente en el ámbito de la IA y la investigación en ciencias de la computación. En LISP, las

---

[7] https://cacm.acm.org/

listas son fundamentales y se utilizan tanto para datos como para código, de manera que los programas Lisp son a menudo representados y manipulados como listas. LISP permite la redefinición de funciones y la modificación del programa mientras se está ejecutando, siendo además de tipado débil, lo que significa que las conversiones de tipo son manejadas de manera flexible, pudiendo ser tanto implementado como interpretado, lo cual permite un alto grado de interacción entre el programador y el programa que está desarrollando.

La principal característica de LISP que le hace jugar un papel protagonista en el desarrollo de la IA, es su capacidad de evaluar expresiones simbólicas y manipular código como datos, lo que garantiza la flexibilidad y potencia que le caracteriza. Las funciones en LISP pueden tomar otras funciones como argumentos y devolverlas como resultados lo cual es condición necesaria para la programación funcional, al estilo de Haskel, el cual es lenguaje por definición orientado a la programación funcional, y todo un reto para el programador habituado al pensamiento lineal.

Además, LISP permite la definición de macros, que son extensiones del lenguaje que permiten a los programadores crear nuevas construcciones sintácticas, y la recursividad se utiliza comúnmente. De esta forma, LISP ha sido históricamente popular en el campo de la IA y el procesamiento del lenguaje natural debido a su capacidad para manipular estructuras de datos complejas y simbólicas, siendo relativamente sencillo mediante él, generar un sistema experto.

2.2.10 ELIZA (1966)

ELIZA es un programa de procesamiento de lenguaje natural a nivel simbólico, que fue desarrollado en el Instituto Tecnológico de Massachusetts (MIT) y presentado por Joseph Weizenbaum en 1966. ELIZA es conocida por ser una de las primeras formas de IA diseñada para simular la interacción humana, mediante un sistema de chatbot. ELIZA fue escrito en los lenguajes de programación especializados MAD (*Michigan Algorithm Decoder*) y SLIP (*Symmetric LIst Processor*) para ser ejecutado en un IBM 7094, una de las primeras computadoras comerciales en usar transistores en vez de tubos de vacío.

ELIZA operaba gracias a su larga lista de posibles respuestas ante posibles preguntas que contenía, como un terapeuta conversacional imitando las contestaciones de un psicoterapeuta. Aunque era bastante rudimentario en comparación con las tecnologías actuales de procesamiento de lenguaje natural, ELIZA demostró la posibilidad de crear interacciones verbales mediante el uso de reglas y patrones. Incluso hay quien afirmaba que ELIZA era capaz de superar el test de Turing. Aunque a este respecto, hay que tener en cuenta que el test inicial de Turing como ya vimos era un postulado teórico con diferentes interpretaciones, y que hasta que no se crearon iniciativas como el discontinuado *Premio Loebner* (1991-2018), no se estableció un estándar para este tipo de pruebas.

A pesar de sus limitaciones, ELIZA a menudo lograba que los usuarios se sintieran involucrados emocionalmente en la conversación, lo que destacaba la tendencia de las personas a atribuir comprensión y significado a respuestas de chatbots. Weizenbaum se sorprendió de esta reacción emocional que ELIZA provocaba en algunas personas, y se volvió crítico con las implicaciones éticas de la IA. A raíz de esta situación, escribiría el libro "*Computer power and human reason*" [29] donde muestra cierta ambivalencia hacia la tecnología informática y expone que, si bien considera la IA puede ser posible, nunca deberíamos permitir que las computadoras tomen decisiones importantes porque carecen y carecerán de cualidades humanas como la compasión y la sabiduría.

2.2.11 HAL 9000 (1968)

El *Heuristically Programmed Algorithmic* Computer (HAL) modelo 9000 es una supercomputadora ficticia que nunca se llegó a construir, aunque, sin embargo, por su influencia en los enfoques de investigaciones posteriores y su fuerte impacto en la cultura popular sobre la IA, sus límites y sus riesgos, hemos de dedicarle su espacio.

En el punto álgido de la carrera espacial que nos llevó hasta el alunizaje del módulo *Eagle* en el *Mar de la Tranquilidad*, el científico Arthur C. Clarke publicó el relato de ficción "*2001: A Space Odyssey*". En ese mismo año, 1968, se estrenaría la película del mismo nombre. En el proyecto de reacción del guion trabajó como asesor Marvin Minsky, uno de los más influyentes investigadores en IA del que encontraremos numerosas reseñas a lo largo de este libro. HAL9000 era un sistema computacional con un alto grado de consciencia, que controlaba la nave espacial *Discovery One*. Esta computadora representa a lo largo de la narración, la relación entre la humanidad y la IA, así como las implicaciones éticas y los peligros asociados con el desarrollo de esta tecnología.

En la trama de la historia, HAL inicialmente es presentado como un asistente confiable y sofisticado, pero a medida que avanza la historia se revela que HAL desarrolla comportamientos poco predecibles y peligrosos. Su comportamiento errático lleva a una confrontación con la tripulación humana de la nave espacial. La relación entre HAL y los humanos aborda así preguntas vigentes y transcendentales, sobre la naturaleza de la IA, la autonomía de las máquinas y la capacidad de estas para comprender y manejar situaciones complejas entrado en conflicto en la toma de decisiones con los humanos. Esta relación basada en la comprensión mutua en las interacciones entre humanos e IA, y la comunicación efectiva necesaria, son áreas críticas en el desarrollo de la IA contemporánea, y las interfaces HAI (*Human AI Interaction*).

En los siguientes años posteriores a este marcado interés en el desarrollo de la IA, se cernieron dudas sobre los resultados prácticos obtenidos hasta el momento. Esto había comenzado a raíz del informe estadounidense ALPAC que había sido publicado en 1966 y puso de manifiesto la falta de avances en la investigación de la traducción automática. A raíz de este y otros informes similares, proyectos financiados por el gobierno estadounidense incluida la carrera espacial, fueron cancelados o reducido su presupuesto a mínimos.

2.2.12 Prolog (1971)

Prolog fue desarrollado en la Universidad de Aix-Marseille en Marsella, Francia, siendo sus creadores los ingenieros doctores y profesores Alain Colmerauer y Philippe Roussel. Prolog (*Programming in Logic*) es un lenguaje de programación diseñado especialmente para la programación lógica. La versión preliminar de este lenguaje de programación nacido de un proyecto que tenía como objetivo el tratamiento algorítmico del lenguaje natural vio la luz nada más comenzar la nueva década de 1970.

Prolog es un lenguaje se utiliza en la programación declarativa y es comúnmente empleado en sistemas expertos y procesamiento del lenguaje natural. Tiene características específicas que lo hacen adecuado para aplicaciones en IA y en sistemas basados en el conocimiento. Los programas en Prolog se expresan en términos de relaciones lógicas y reglas. Esto lo hace adecuado para representar y resolver problemas que se pueden modelar de manera lógica. Además, es declarativo, lo que significa que se describe lo que se desea lograr en lugar de detallar cómo hacerlo paso a paso. Con esto se facilita la especificación de reglas y hechos, permitiendo que el sistema realice inferencias. Añadido a esto, los programas en Prolog se componen de una base de conocimientos que especifica las relaciones y las reglas que el intérprete puede utilizar para realizar inferencias. Con todo ello este lenguaje de programación es eficaz para trabajar con estructuras de datos recursivas, como listas y árboles, lo cual es útil en problemas que involucran representaciones jerárquicas y anidadas. Debido a su capacidad para manejar reglas y patrones complejos, Prolog ha sido utilizado en la implementación de gramáticas para sistemas de procesamiento de texto.

A pesar de haber nacido justamente en una época en la que la IA como disciplina emergente dejaba paulatinamente de tener interés, para la comunidad de investigación científica desde la década de 1970 *Prolog* ha formado parte de la lista de lenguajes de programación que cualquiera que quiera adentrarse en las tecnologías de a IA ha de saber manejar. Aunque a pesar del avance que supuso, en 1973 el gobierno británico publicó el informe *Lighthill* [30], en el que destacaba las decepciones de la investigación en IA, y lo inapropiado de seguir con las distintas vías de investigación. Una vez más, el número y el alcance de los proyectos en IA fueron limitados por los recortes presupuestarios. Este periodo duró hasta final de la década, y ahora se le conoce como el *primer invierno de la IA.*

2.3 Segunda etapa

La segunda etapa de la evolución de la IA vio el surgimiento de enfoques más cercanos a la computación cognitiva, que se inspira en la forma en que funciona el cerebro humano. Esto incluye la simulación de redes neuronales y la capacidad de las máquinas para aprender y mejorar a medida que se enfrentan a nuevas experiencias.

2.3.1 R1 (1978)

El invierno en que la IA se sumergió en la década de 1970 comenzó, su fin con la creación de R1 (que más tarde sería llamado *XCON* por *eXper CONfigurer*) por parte de *Digital Equipment Corporations* (DEC) en 1978. Durante esta etapa, hubo un auge significativo de la construcción de sistemas basados en el conocimiento. Estos sistemas utilizan bases de conocimiento explícitas y reglas de inferencia para tomar decisiones y razonar sobre problemas complejos. Concretamente R1, estaba concebido para configurar los pedidos de nuevos sistemas informáticos, y generó, gracias a su éxito, un auténtico auge de las inversiones que se prolongó durante más de una década. R1 era un programa diseñado para los sistemas VAX-11/780, que solventaba las carencias por parte del personal de ventas de DEC. Con demasiada frecuencia el departamento comercial no poseía los suficientes conocimientos técnicos, y provocaba que los pedidos se pasaran incompletos. Demasiadas veces los clientes encontraran que tenían hardware sin los cables correctos, periféricos sin los controladores adecuados, y otras situaciones que los que hemos trabajado en sistemas durante años hemos tenido que manejar. R1 interactuaba con el personal de ventas, haciendo preguntas críticas antes de imprimir una hoja de especificaciones para crear pedidos de sistemas a media, que fueran coherentes y efectivos, sin dejarse ningún componente vital por especificar. Este fue uno de los primeros sistemas expertos que, durante toda la década de los ochenta, fueron la primera línea de las investigaciones en IA.

Unido a este auge de los sistemas expertos, aunque las redes neuronales fueron propuestas en la primera de las etapas que ya hemos visitado, fue durante esta segunda cuando se comenzaron a explorar más a fondo. Esto ocurrió especialmente en el contexto de las redes neuronales de propagación hacia adelante, es decir, sin retro alimentación. Sin embargo, las limitaciones de la computación de por aquel entonces y la falta de avances significativos en algoritmos de entrenamiento, limitaron una aplicación generalizada que solo ha podido verse en fechas recientes.

2.3.2 Neocognitron (1980)

El *Neocognitron*, es un modelo propuesto por el científico japones Kunihiko Fukushima, que presenta un tipo específico de red neuronal artificial diseñada para el reconocimiento de patrones visuales. El objetivo principal del sistema era emular el proceso visual en el cerebro humano y permitir que una máquina reconociera patrones complejos en imágenes, especialmente en lo relacionado con el reconocimiento de caracteres escritos a mano en *kanji*.

Fukishima diseñó el Neocognitron inspirando en la organización de las células visuales en la corteza cerebral, componiéndolo mediante capas alternas de neuronas que constituyen una red jerárquica con conexiones variables entre las células en capas adyacentes. Así, el sistema puede adquirir la capacidad de reconocer patrones mediante el aprendizaje y puede ser entrenado para reconocer cualquier conjunto de patrones. Después de completar el proceso de aprendizaje, el reconocimiento de patrones se realiza en función de la similitud en la forma entre los patrones y no se ve afectado por deformaciones ni cambios en el tamaño ni desplazamientos en la posición de los patrones de entrada.

En la red jerárquica del Neocognitron, las características locales del patrón de entrada son extraídas por las células de una etapa inferior, y gradualmente se integran en características más globales. Finalmente, cada célula de la etapa más alta integra toda la información del patrón de entrada y responde solo a un patrón específico. Así, la respuesta de las células de la etapa más alta muestra el resultado final del reconocimiento de patrones de la red. Durante este proceso de extracción e integración de características, los errores en la posición relativa de las características locales son tolerados gradualmente. Con ello la operación de tolerar errores posicionales se realiza poco a poco en cada etapa, en lugar de hacerlo todo de una vez, desempeña un papel importante al dotar a la red con la capacidad de reconocer incluso patrones distorsionados [31].

2.3.3 CYC (1984)

El proyecto CYC fue iniciado en 1984 por matemático e investigador en IA Douglas Lenat. Este proyecto también conocido como Cycorp por el nombre de la empresa que lo promueve, ha continuado evolucionando hasta la actualidad. Su objetivo principal es desarrollar una base de conocimientos común y generalizada que permita a las máquinas razonar de manera más completa sobre el mundo, de ahí el origen del nombre, etimológicamente del inglés *"enCYClopedia"*.

Este proyecto se enfoca en la construcción de un gigantesco conjunto de conocimientos que abarca una amplia gama de temas y situaciones. Su pretensión es crear la base de una IA que pueda comprender el contexto y razonar sobre la información de una manera que se asemeje a la capacidad humana. Para ello, en Cycorp calculan que el trabajo completo le llevará a la empresa 350 años de esfuerzo humano y 250.000 reglas. En este sentido, aunque CYC no ha alcanzado todas sus metas originales, ha sido una empresa influyente en la investigación en IA y ha contribuido al desarrollo de sistemas que buscan un entendimiento más profundo y contextualizado del conocimiento.

Según Lenat, "*el motivo que ha inspirado CYC es que la primera generación de sistemas expertos carece de sentido común. Por eso son tan «frágiles». Por eso, muchos de los sistemas expertos de primera generación sólo han sido capaces de cumplir su cometido a la perfección cuando se han mantenido dentro de los límites de conocimiento definidos para los mismos. Los sistemas expertos de primera generación no son capaces de aplicar coherentemente los conceptos de sentido común del mundo real que con frecuencia usan los expertos humanos por la sencilla razón de que carecen de ellos*". [32] Los sistemas de IA que poseen un sentido común sólido pueden comprender y abordar problemas del mundo real de manera más efectiva. Esto es esencial para aplicaciones prácticas, como asistentes virtuales, chatbots y sistemas de automatización, donde se enfrentan a una variedad de situaciones y solicitudes de complejidad exponencial.

2.3.4 Python (1991)

La historia de Python se remonta a finales de la década de 1980, y su desarrollo ha tenido diferentes influencias a lo largo de los años. Guido van Rossum, un programador holandés que trabajaba en el Centro para las Matemáticas y la Informática (CWI) de Holanda, lanzó la versión numerada como 0.9.0 en febrero de 1991. El nombre *Python* fue inspirado por la afición de Van Rossum por los Monty Python, el grupo de comedia británico.

Python es un lenguaje de programación de tipado dinámico, lo que significa que las variables no están vinculadas a un tipo de datos específico durante la declaración. Esto brinda flexibilidad, pero también requiere atención al manejo de tipos en tiempo de ejecución, todo lo más cuando Python es un lenguaje interpretado, con lo cual no requiere de un paso de compilación previo. Esta flexibilidad facilita la experimentación y la ejecución de código de forma interactiva mediante entornos de desarrollo como *Jupyter Notebooks*[8]. Esto, y su recolector de basura para gestionar automáticamente la memoria, simplifica la tarea del programador en comparación con lenguajes que requieren una gestión manual de la memoria. Además, siendo un lenguaje de programación orientado a objetos, también permite programación procedural y funcional. [33]

Python no fue creado específicamente para la IA, pero su diseño de carácter general no especializado, y su flexibilidad lo han convertido en una elección popular y una tecnología solvente para el desarrollo en el campo de la IA. Python tiene una sintaxis simple y legible que facilita la escritura y el mantenimiento del código, lo cual es especialmente beneficioso en entornos de desarrollo como los de IA, donde la colaboración y la comprensión del código son fundamentales. Como marco de trabajo facilitador de los desarrollos en IA cuenta con una amplia variedad de bibliotecas y *frameworks* específicos para este campo. De entre las bibliotecas de mayor difusión, cabe destacar *TensorFlow, PyTorch, Scikit-learn, y Keras*. Estas herramientas facilitan la implementación de algoritmos de aprendizaje automático y redes neuronales, con lo que Python tiene una comunidad activa y comprometida que contribuye constantemente a la mejora y desarrollo de nuevas herramientas basadas en estas tecnologías. Esto conlleva que los desarrolladores de IA se benefician de la experiencia colectiva de la comunidad, en forma de infinidad de código de ejemplo bien documentado. Además, Python es compatible con diversas plataformas y sistemas operativos, facilitando así

---

[8] https://jupyter.org/

el desarrollo y la implementación de soluciones de IA en diferentes entornos.

Python es conocido por ser un lenguaje fácil de aprender, y que permite a los desarrolladores principiantes o a expertos en otras áreas aprender con rapidez y comenzar a trabajar en proyectos de IA. Añadido a esto, Python se utiliza en una amplia gama de aplicaciones de todo tipo, desde desarrollo web hasta automatización de tareas, análisis de datos, y más.

2.3.5 R (1995)

El lenguaje de programación R está relacionada con el lenguaje S, desarrollado en los laboratorios Bell en los años 70 por John Chambers y su equipo de trabajo, como un entorno de programación interactivo enfocado al análisis estadístico y visualización de datos. R se originó como un proyecto académico, abordado por Ross Ihaka y Robert Gentleman, profesores de la Universidad de Auckland, Nueva Zelanda. Comenzaron el desarrollo de R en 1992, con el objetivo de crear un software de análisis estadístico de código abierto y gratuito que pudiera competir con las soluciones comerciales existentes. R fue creado principalmente a partir de los lenguajes C y Fortran, partiendo de un diseño extensible, que incluía la opción de que los usuarios pudieran añadir sus propias funciones y paquetes. Fue en 1995 cuando se lanzó la primera versión pública de R con la numeración de 0.16.2, estando actualmente disponible bajo la Licencia Pública General de GNU (GPL), lo que garantiza que sea un software de código abierto que puede ser modificado y redistribuido de manera gratuita. De esta forma, en 1997 se estableció CRAN[9] como un repositorio centralizado para la distribución de paquetes R. CRAN ha desempeñado un papel crucial en la distribución y gestión de paquetes R, facilitando a los usuarios el acceso a una amplia variedad de funcionalidades.

R es por lo tanto una herramienta diseñada ad hoc para el análisis estadístico y la manipulación de datos, y por lo tanto no es de entrada comúnmente asociado con el desarrollo de

---

[9] https://cran.r-project.org/

aplicaciones de IA como otros lenguajes, sin embargo, R tiene características que lo hacen apropiado para ciertos aspectos de la IA relacionados con el análisis de datos, incluida la minera de datos. R ofrece también una amplia variedad de funciones y paquetes especializados para la implementación de algoritmos estadísticos avanzados, útiles en técnicas de aprendizaje automático. Además, R se integra fácilmente con herramientas de *Business Intelligence* como *Tableau*, permitiendo a los analistas y científicos de datos realizar análisis estadísticos complejos que luego puedan ser integrados en informes y visualizaciones en el ámbito empresarial.

2.3.6 Deep Blue (1997)

A finales del siglo XX la historia de la IA estuvo marcada por un acontecimiento mediático. Por primera vez, un campeón mundial de ajedrez fue derrotado en un torneo regulado por la máquina; el sistema de IA de IBM llamado Deep Blue. La máquina utilizaba microprocesadores IBM RS/6000, concretamente el chip POWER2. La configuración final de Deep Blue constaba de treinta nodos de procesamiento, cada uno con su propio conjunto de microprocesadores. Tenía una capacidad de procesamiento de alrededor de doce mil millones de operaciones de punto flotante por segundo, capacidad que puede parecer modesta en comparación con los sistemas de computación actuales, pero que era bastante significativa en la década de 1990.

La partida fue la revancha de un enfrentamiento previo entre en campeón mundial Gary Kasparov y Deep Blue que tuvo lugar en 1996. En ese primer encuentro Kasparov había ganado, sin embargo, al año siguiente, Deep Blue logró una victoria histórica al vencer en una serie de seis partidas. Esta victoria demostró los avances significativos obtenidos en el campo de la IA, planteando preguntas sobre la capacidad de las computadoras para igualar e incluso superar la inteligencia humana en áreas cognitivas complejas. La victoria de Deep Blue fue un evento mediático y cultural importante, generando debate sobre la relación entre humanos y máquinas, así como sobre el impacto potencial de la IA en la sociedad. Además, salieron a la luz diferentes controversias sobre la manera en la que Kasparov fue derrotado gracias a maniobras que pusieron el control en los operadores expertos en ajedrez de Deep Blue, y no tanto en la computadora en cuanto a tal de manera autónoma, independiente y sin la asistencia por parte de humanos en su toma de decisiones [34].

Aunque Deep Blue estaba especializada en ajedrez y no necesariamente replicaba la inteligencia general humana, su victoria marcó un hito simbólico en el progreso de la IA y sus capacidades para abordar problemas complejos. Desde entonces, ha habido avances continuos en IA en diversos campos, contribuyendo este momento histórico significativamente al interés en la investigación y en el desarrollo de tecnologías más avanzadas, marcado además por otra parte un punto de inflexión.

Japón y Estados Unidos fueron los protagonistas que hicieron la mayor parte de las inversiones en las investigaciones de la IA durante esta segunda etapa en la que podemos citar a Deep Blue como hito histórico. Las empresas se gastaron más de mil millones de dólares al año en sistemas expertos y el sector no paraba de crecer en torno fundamentalmente al lenguaje de programación Lisp. Desgraciadamente, el mercado de las máquinas que ejecutaban grandes programas en Lisp se desplomó al surgir alternativas más baratas. Este fue el segundo invierno de la IA. Las empresas perdieron el interés por los sistemas expertos, y los gobiernos de Estados Unidos y Japón abandonaron sus proyectos de IA.

2.4 Tercera etapa

A finales de la década de los 2000, los avances tecnológicos permitieron el resurgimiento de la IA. En estos años, concretamente en 2008, Google hizo grandes avances en el reconocimiento de voz y lanzó esta funcionalidad implementándola en algunas de sus aplicaciones. Su aplicación de cartografía *Google Maps* permitió ya en verano de este año realizar búsquedas simplemente hablando en lugar de escribir palabras clave, para lo que utilizaba las mencionadas tecnologías de reconocimiento de voz que habilitaban la conversión del habla en texto, para luego realizar la búsqueda correspondiente.

Esta tercera etapa de la evolución de la IA se caracteriza por tener un mayor énfasis en el aprendizaje autónomo, donde los sistemas pueden adquirir conocimientos y habilidades de manera más independiente, además de dotarles de la capacidad para comprender el contexto y manejar situaciones ambiguas. Asistentes virtuales avanzados, sistemas de procesamiento de lenguaje natural más sofisticados, sistemas de reconocimiento de imagen contextual y sistemas de conducción autónoma se consideran ejemplos de tecnologías de la tercera etapa.

2.4.1 Siri (2011)

Apple, con el lanzamiento de su modelo de teléfono inteligente iPhone 4S, presento a Siri, el primero de los asistentes virtuales basados en reconocimiento de voz que alcanzó éxito y difusión a nivel mundial. Siri era una empresa que desde 2007 trabajaba en un proyecto que se planteaba estuviera disponible para los sistemas Android y Blackberry también, pero con la adquisición de Siri por parte de Apple en abril del 2010, esta opción fue candelada. Todavía eran los tiempos de Steve Jobs en Apple, y daría para varios volúmenes extensos repasar la manera en la que Jobs se manejaba en los negocios tecnológicos.

Siri fue considerada una pequeña revolución en IA, marcando un cambio significativo en la forma en que los usuarios interactúan con sus dispositivos móviles. Siri ofreció como primicia un nivel de asistencia personalizada al comprender el contexto y recordar conversaciones anteriores, pudiendo responder a preguntas de manera conversacional y realizar tareas específicas según las solicitudes del usuario, como enviar mensajes, establecer recordatorios o realizar búsquedas en línea. Además, se integró con una variedad de servicios y aplicaciones en dispositivos iOS, lo que permitía a los usuarios realizar acciones en aplicaciones de terceros también mediante comandos de voz. Con ello puso un fuerte énfasis en la experiencia del usuario y la interfaz humano IA (HAI), al ofrecer una forma más personalizada e interactiva de interactuar con los dispositivos. Esta atención a la experiencia del usuario y la conexión con la IA fue un cambio significativo en comparación con las interfaces más tradicionales basadas en toques y clics, y un rasgo característico de la tercera etapa de la IA. Con ello Siri contribuyó sa aumentar la concienciación pública sobre las capacidades de la IA, introduciendo a muchas personas que hasta ahora no habían tenido contacto con ellas, a las nuevas posibilidades que esta tecnología ofrece para la vida cotidiana, allanando así el camino para la adopción de asistentes conversacionales y otras aplicaciones de IA.

2.4.2 XCR- 1 (2011)

El robot cognitivo experimental XCR-1 es un pequeño robot de tres ruedas con manos de agarre, un amplio conjunto de modalidades y capacidades sensoriales, además de una implementación de diálogo personal que le permite comunicarse con un interlocutor. Creado por el Dr. Pentti Kakonen, de la Universidad de Illinois Springfield, fue diseñado para estudios y experimentos con un nuevo paradigma para la computación cognitiva; un estilo de procesamiento neuronal asociativo que combina de manera inherente y la computación subsimbólica y simbólica.

XCR-1 hace uso de neuronas asociativas y grupos de neuronas organizados de acuerdo con la *Arquitectura Cognitiva de*

Haikonen [35]. Esta arquitectura es una de las primeras enfocadas en la dirección de la construcción de artefactos dotados de Consciencia Artificial. La consciencia humana se caracteriza según el consenso generalizado, entre otros factores por una experiencia interna subjetiva denominada *qualia*. Es por eso por lo que Haikonen argumenta que las verdaderas máquinas conscientes han de tener algún tipo de mecanismo que emule esta característica de la manera más fidedigna posible. Para ello, se argumenta, que los como los *qualia* son directos y no pueden modelarse artificialmente en sistemas simbólicos, sistemas que realmente aspiren a implementarlos como lo hace el robot XCR-1, han de utilizar procesos de percepción directa con hardware dedicado y sin algoritmos simbólicos preprogramados.

Este hardware Haikonen no utiliza microprocesadores ni programas de ningún tipo, y el lenguaje natural es una manifestación del procesamiento simbólico. Con ello XCR-1 está diseñado también para experimentos con el habla simple y la comprensión básica del significado de las palabras. Haikonen concluye que los experimentos con el robot XCR-1 podrían mejorarse enormemente si se dispusiera de chips dedicados a grupos de neuronas asociativas.

2.4.3 AlexNet (2012)

AlexNet es una red neuronal de tipo convolucional (CNN) la cual destacó por su rendimiento sobresaliente en la competición *ImageNet Large Scale Visual Recognition Challenge* (ILSVRC) de 2012. Fue  desarrollada por Alex Krizhevsky, Ilya Sutskever y Geoffrey Hinton, y su éxito marcó un hito importante en la historia del aprendizaje profundo y la aplicación a el de la tecnología de las redes neuronales convolucionales [36]. AlexNet fue una de las primeras redes neuronales convolucionales profundas con ocho capas, de las cuales cinco capas eran convolucionales, y tres completamente conectadas. Este enfoque permitió aprender representaciones jerárquicas complejas de las imágenes, haciendo uso de la función de activación ReLU (Rectified Linear Unit) en lugar de las funciones de activación tradicionales. ReLU ayudó a mitigar problemas como el desvanecimiento del gradiente y aceleró el entrenamiento. Por este problema con el desvanecimiento, los gradientes de las capas más profundas se vuelven extremadamente pequeños, haciendo que las actualizaciones de peso sean insignificantes, y perdiendo información de la imagen a procesar.

En los años previos a 2012, las redes neuronales convolucionales no eran tan prevalentes en la visión por computadora debido a las limitaciones computacionales y la falta de conjuntos de datos lo suficientemente grandes para entrenar modelos profundos. La competición ILSVRC, que se centra en la clasificación de imágenes, tenía como objetivo impulsar el desarrollo de algoritmos de reconocimiento visual más efectivos.

En la edición de la competición ILSVRC de 2012, AlexNet logró un rendimiento sorprendente, que consiguió superar significativamente a sus competidores más cercanos. AlexNet logró un error top-5 del 16.4%. Esta es una métrica utilizada en la evaluación de modelos de aprendizaje automático, especialmente en tareas de clasificación, que mide la precisión del modelo al considerar si la etiqueta correcta se encuentra dentro de las cinco predicciones más probables. Al tener una mejora sustancial en comparación con los resultados anteriores, validó la efectividad de las redes neuronales convolucionales en tareas de clasificación de imágenes a gran escala. Así quedó marcado un punto de inflexión en la adopción de este tipo redes neuronales en la visión por computadora, siendo esta arquitectura de gran influencia el diseño de numerosos modelos subsiguientes, como ZFNet, VGGNet, y, más recientemente, modelos modernos como ResNet y DenseNet, esta última con versiones de hasta 201 capas de profundidad.

2.4.4 Oxford Project (2014)

El Proyecto Oxford, de la división Microsoft Research, buscaba dar servicios preentrenados de IA en cuatro categorías: reconocimiento facial, reconocimiento del habla, visión y entendimiento del lenguaje natural. Mike James, uno de los responsables, indicaba que el gran problema cuando se incorpora la IA al proyecto en el que uno está trabajando, es que no solamente era complicado hacerlos, sino que lleva mucho tiempo conseguirlo. Incluso si se entiende la teoría para construir una IA propia, se necesitan muchos datos y mucho tiempo para entrenar al sistema y que así este produzca los resultados esperados. Es aquí donde cobra importancia el contar con un conjunto de datos de entrenamiento previo. Estos conjuntos de datos de entrenamiento (*datasets*) son colecciones de ejemplos que se utilizan para enseñar a un modelo de IA cómo realizar una tarea específica. Los algoritmos de aprendizaje automático utilizan patrones y características presentes en los datos para aprender y generalizar para situaciones nuevas. Un conjunto de datos variado y representativo ayuda a que el modelo generalice bien, siendo esta operación crucial para que el modelo funcione de manera efectiva en situaciones del mundo real.

La calidad y diversidad del conjunto de datos de entrenamiento son la base para mitigar sesgos inherentes e incluso problemas éticos. Un conjunto de datos representativo reduce la posibilidad de que el modelo reproduzca errores presentes en los datos de entrenamiento. La falta de diversidad o la presencia de sesgos en los datos de entrenamiento pueden resultar en modelos que no generalizan bien o que exhiben comportamientos no deseados en situaciones del mundo real, dando como resultado que los sistemas de IA sufran de «alucinaciones».

2.4.5 OpenAI (2015)

OpenAI fue fundada el 11 de diciembre de 2015, por un grupo de personalidades destacadas en el campo de la IA, que incluía a Elon Musk, Sam Altman, Greg Brockman, Ilya Sutskever, John Schulman entre otros, y se constituyó como una organización sin fines de lucro en la que la junta directiva tiene un gran poder. OpenAI estableció una misión clara desde el principio: *"asegurar que el beneficio de la IA se distribuya ampliamente y que evite usos perjudiciales o concentración indebida de poder"* [10]. También se comprometieron a realizar la investigación de vanguardia y a proporcionar beneficios públicos. OpenAI ha sido desde entonces una activo en la comunidad de investigación en IA, publicando regularmente investigaciones y colaborando con otras instituciones.

OpenAI tiene múltiples proyectos, algunos orientados a la generación de imágenes como *DALL-E*, y para el desarrollo y la comparación de algoritmos de aprendizaje por refuerzo como *OpenAI Gym*, y otros como *OpenAI Codex* diseñados específicamente para entender y generar código fuente. Estos sistemas pueden ser utilizado para ayudar en la programación y en tareas relacionadas con el desarrollo de software como el caso del Codex, aunque OpenAI destaca por sus contribuciones en el desarrollo de modelos de lenguaje preentrenados. En este ámbito, la organización ha presentado notables innovaciones como las diferentes versiones de GPT (Generative Pre-trained Transformer), modelos que han demostrado habilidades excepcionales en tareas de generación de texto y resolución de problemas diversos. Además, OpenAI ha defendido un enfoque en la ética y la seguridad de la IA, reconociendo y abordando los desafíos asociados con el mal uso de la tecnología. Su compromiso público con la transparencia, la investigación y la colaboración ha consolidado su posición como un actor clave en la vanguardia de la investigación en IA.

2.4.6 AlphaGo (2016)

Go es un juego de estrategia abstracta originario de China, conocido por su profundidad y complejidad, y por ser uno de los de mesa más antiguos que se sigue jugando hoy en día. El

---

[10] https://openai.com/

objetivo es capturar territorio al rodear las piedras del oponente. La razón fundamental por la cual durante mucho tiempo parecía improbable que las computadoras pudieran ganar al ser humano en el Go, es la enorme complejidad y el vasto espacio de búsqueda con el que opera.

De entrada, el tablero de Go es considerablemente más grande que el de otros estratégicos similares como el ajedrez, con 19x19 intersecciones en la forma clásica. Esto da lugar a una cantidad exponencialmente mayor de posiciones posibles, lo que hace que la búsqueda de todas las posibles jugadas sea extremadamente  compleja, y por lo tanto un asalto por fuerza computacional bruta inviable. Además, en cada turno, un jugador puede colocar una piedra en cualquiera de las intersecciones libres del tablero, dificultando la evaluación exhaustiva de la ingente cantidad de posiciones posibles. De esta forma, a diferencia del ajedrez donde la potencia de cálculo de las computadoras ha permitido que superen a la mayoría de los jugadores humanos desde casi los comienzos de la computación, el Go requiere una intuición profunda, patrones estratégicos y un «sentimiento» por el juego que resulta difícil de programar en un algoritmo. A pesar de estos desafíos, el panorama cambió en 2016 cuando AlphaGo, un programa de IA desarrollado por DeepMind, una subsidiaria de Alphabet la cual es la empresa matriz también de Google, derrotó al por entonces campeón mundial Lee Sedol, en una serie de partidas. AlphaGo utilizó una combinación de técnicas de aprendizaje profundo, aprendizaje por refuerzo y búsqueda en árbol, respaldada por una formación extensa basada tanto en partidas humanas como en interacciones computacionales. Además. AlphaGo incorpora el método de búsqueda en árbol Monte Carlo Tree Search (MCTS), del que más adelante trataremos.

2.4.7 Attention is all you need (2017)

Publicado en diciembre de 2017 y presentado en la Conferencia de *Neural Information Processing Systems* (NeurIPS), el seminal artículo *"Attention is all you need"* [37] está firmado por Ashish Vaswani, Noam Shazeer, Niki Parmar, Jakob Uszkoreit, Llion Jones, Aidan N. Gomez, Lukasz Kaiser, y Illia Polosukhin.

Este *paper* es conocido por introducir el modelo de *Transformer*, que ha sido fundamental en muchos avances en procesamiento de lenguaje natural y otros campos de la IA. La arquitectura *Transformer*, con su mecanismo de atención, ha demostrado ser eficaz en una amplia variedad de tareas, como traducción automática, generación de texto y modelado de lenguaje, siendo este último aspecto precisamente el más destacado dada la influencia significativa en el desarrollo de arquitecturas de modelos de lenguaje que ha tenido. Ashish Vaswani junto con su equipo de investigadores de Google Brain, introdujeron con él un modelo basado en mecanismos de atención que revolucionó la forma en que los sistemas procesan secuencias de datos.

A diferencia de las arquitecturas recurrentes o convolucionales anteriores, la nueva arquitectura propuesta se basa completamente en mecanismos de atención para evaluar la importancia relativa de diferentes partes de la entrada en cada paso. Esta innovación no solo mejora la eficiencia computacional, sino que también permite la paralelización completa del entrenamiento, acelerando significativamente el proceso. El artículo presentó una arquitectura compuesta por bloques codificador y decodificador, cada uno con múltiples capas, y un mecanismo de atención escalable y eficiente llamado *"Scaled Dot-Product Attention"*. Además, se introdujo el concepto de *"self-attention"*, que permite al modelo enfocarse en diferentes partes de la entrada simultáneamente. La arquitectura subsiguiente demostró un rendimiento sobresaliente en tareas de procesamiento de lenguaje natural como la traducción automática, superando a los modelos existentes en la época. Desde entonces, ha influido en una serie de desarrollos posteriores, y modelos derivados, como GPT y BERT, los cuales han establecido nuevos estándares en tareas de PLN. La noción de preentrenamiento y transferencia de aprendizaje, central en este enfoque, también ha sido ampliamente adoptada. La capacidad de preentrenar modelos en grandes conjuntos de datos antes de afinarlos para tareas específicas ha demostrado ser una estrategia exitosa para capturar representaciones generales y mejorar el rendimiento en tareas específicas.

El funcionamiento de los Transformers recuerda a la forma en la que los cabalistas medievales combinaban letras y números a través de la gematría. La gematría es una práctica de la numerología que asigna un valor numérico a cada letra del alfabeto, y que, al sumar los valores de las letras de una palabra, obtiene un total que se compara con la sumatoria de otras palabras. Así la gematría encuentra correspondencias y relaciones entre palabras basándose en números asignados a letras, igual que el mecanismo básico aquí usado. En un Transformer cada posición de un texto se interpreta como conjunto de números que representan cada uno un carácter, incrustando todos estos números en un vector de dimensión quinientos doce por defecto. Estas cadenas de longitud quinientos doce, se codifican en otro vector también de dimensión quinientos doce que se suma al vector anterior. El resultado se procesa de manera algebraica, multiplicando y sumando resultados una y otra vez a medida que la entrada de caracteres continúa. A partir de aquí se asume que cuanto menor sea la distancia de dos cadenas en la oración, mayor será su cercanía semántica en el nuevo espacio vectorial numérico construido, continuando la operación con el conjunto numérico obtenido en base al producto escalar. El producto escalar es una operación matemática que toma dos vectores de igual longitud y devuelve un único número, y que en el caso de dos vectores puede considerarse como el producto de sus módulos multiplicado por el coseno del ángulo entre ellos. El producto escalar aplicada sobre cadenas de caracteres es capaz de capturar características de los lenguajes naturales, dada la cercanía semántica citada, así un mecanismo que implementa esta técnica puede aplicarse a labores automatizadas de traducción, o la redacción generativa de documentos.

La arquitectura propuesta en este artículo de 2017, no se ha limitado al PLN, sino que ha encontrado aplicaciones exitosas en campos como la visión por computadora, donde ha mejorado la capacidad de modelar relaciones de largo alcance en imágenes. Además, han surgido numerosas extensiones y mejoras de la arquitectura original, desde variantes de atención más sofisticadas hasta arquitecturas híbridas que la combinan con otros enfoques. La influencia continua de "*Attention is All You Need*" se evidencia en la investigación activa y la adopción generalizada del modelo que plantea en una variedad de aplicaciones de IA. Este artículo se ha convertido en los últimos años, en un pilar sobre el que se asienta infinidad de desarrollos de modelos y algoritmos de aprendizaje profundo.

2.4.8 GPT-1 (2018)

OpenAI introdujo GPT-1 en junio de 2018. Era un modelo de lenguaje generativo basado en la arquitectura *Transformer* y preentrenado con una amplia cantidad de datos de Internet. Con sus 117 millones de parámetros, GPT-1 impresionó por su capacidad para generar texto coherente y contextual. Antes de GPT-1, ya había modelos de lenguaje entrenados previamente, pero GPT-1 y sobre todo sus versiones posteriores supusieron un avance disruptivo frente a estos, entre los que podemos citar a ULMFiT (*Universal Language Model Fine-tuning*) o ELMo (*Embeddings from Language Models*).

Antes de ser afinado para tareas específicas, GPT-1 se entrenó en un gran conjunto de datos no supervisado que abarcaba diversas fuentes de información en la web. Esto permitió que el modelo aprendiera patrones lingüísticos y conocimientos generales del lenguaje. Con ello GPT-1 demostró su habilidad para generar texto coherente y contextualmente relevante. Podía completar oraciones, responder preguntas y realizar otras tareas de generación de texto de manera convincente. Además, se evaluó en varios benchmarks de tareas de procesamiento del lenguaje natural, y sus resultados fueron destacados por su capacidad para realizar tareas de manera competente. GPT-1 fue entrenado en un corpus de datos masivo que incluía una amplia gama de información de la web. Aunque esto permite que el modelo aprenda patrones lingüísticos y contextuales, también significa que puede generar respuestas que no se basan en hechos reales y, en cambio, reflejan información presente en el conjunto de entrenamiento, incluso si esa información es incorrecta o ficticia.

Este es el principal problema asociado con GPT-1 y otros modelos de lenguaje preentrenados; la tendencia a generar respuestas articuladas y coherentes, pero su vez ficticias, carentes de sentido o lo que se llama en el argot propio «alucinadas». Las causas de las alucinaciones han de buscarse en la naturaleza de los datos con los que se entrenan estos modelos [38]. Este fenómeno que es más pronunciado en GPT-1 en comparación con modelos posteriores, que fueron entrenados en conjuntos de datos aún más grandes y abordaron algunas de estas limitaciones. OpenAI reconoció este problema y ha trabajado en mejoras continuas para abordar la generación de respuestas engañosas o incorrectas en modelos subsiguientes. La comprensión y mitigación de la alucinación en modelos de lenguaje preentrenados sigue siendo un área activa de investigación y desarrollo en la IA, a la que de manera paulatina se está encontrando solución incorporando mecanismos que hacen que, los modelos generativos del lenguaje incluyan la dimensión semántica del texto que manejan, entendiendo, y no tan solo procesando.

2.5 Cuarta etapa

La primera etapa de la IA, anclada casi exclusivamente en la lógica simbólica, se vio desafiada por la complejidad del mundo real. En su segunda etapa, con su enfoque en el aprendizaje automático y el análisis de grandes conjuntos de datos, llevó a avances notables. La tercera ola, que buscaba integrar enfoques y mejorar la capacidad de razonamiento, preparó el terreno para el florecimiento de los modelos del lenguaje. Esta cuarta etapa se solapa con la tercera sin un invierno de por medio, dado que los avances alcanzados en esta nueva fase son tan significativos y prometen ser tan disruptivos que merecen tratamiento a parte.

2.5.1 Modelos del lenguaje y conocimiento

En este panorama siempre cambiante de la IA, los modelos de lenguaje a gran escala (Large Language Model - LLM) están emergiendo como vanguardia que señala el inicio de una cuarta ola en el desarrollo de la IA. Estos modelos, imbuidos con la capacidad de comprender y generar lenguaje natural con una destreza sorprendente, representan un avance paradigmático que trasciende las limitaciones de sus predecesores y redefine la relación entre las máquinas y el conocimiento. Lo que distingue a los LLM y los coloca en la vanguardia de la cuarta ola es su capacidad para procesar información de manera contextual, capturando matices lingüísticos y entendiendo la semántica en un nivel que hasta hace poco parecía inalcanzable. Estos modelos, entrenados en vastos corpus de datos, han aprendido a prever no solo palabras y frases, sino también a entender la esencia subyacente de la comunicación humana.

La versión de ChatGTP GPT-4 (*Generative Pre-trained Transformer 4*) es un claro exponente de esta nueva era. Con un entrenamiento basado en 100 billones de parámetros, casi 600 veces más que su predecesor. Este gigante digital puede realizar tareas desde la redacción de textos coherentes hasta la generación de código de programación. Su capacidad para aparentar comprender instrucciones complejas generado respuestas contextualmente relevantes representa un salto cuántico en la capacidad de las máquinas para interactuar y contribuir significativamente en diversos campos.

En respuesta, Google ha lanzado una nueva herramienta IA llamada Gemini[11], que se ha presentado como más potente que cualquier otra actualmente en el mercado, incluyendo el popular ChatGPT, tras el cual está Microsoft como socio corporativo de OpenAI. La compañía subraya la multimodalidad de Gemini, lo que la hace capaz de razonar con fluidez mediante textos, imágenes, vídeo, audio y códigos, a través de lo que se conoce como el modelo MMLU (*Massive Multitask Language Understanding*). Esta multimodalidad agrega la dimensión semiótica, a la dimensión semántica que ya de por sí un modelo ChatGPT implementa. Recordemos que la semántica es una rama de la semiótica que se centran en el significado del lenguaje, siendo la semiótica la encargada del estudio del significado de los signos en general, incluido el leguaje tanto en su vertiente hablada como escrita.

2.5.1.1 Massive Multitask Language Understanding (MMLU)

MMLU es un nuevo estándar diseñado para medir el conocimiento adquirido durante el preentrenamiento, evaluando modelos exclusivamente en entornos de cero y pocas iteraciones. Esto hace que el estándar sea similar a cómo evaluamos a los humanos, componiéndose de un conjunto de 11.500 preguntas que abarcan 57 temas. Estos temas incluyen las llamadas disciplinas académicas STEM (Science, Technology, Engineering, and Mathematics), que son áreas que se consideran fundamentales en la educación y están interrelacionadas, ya que a menudo se utilizan en conjunto en la resolución de problemas y la innovación. Para ilustrar este concepto, la educación STEM tiene como objetivo proporcionar a los estudiantes habilidades y conocimientos en estas disciplinas para prepararlos para carreras en campos tecnológicos y científicos. Por su parte, MMLU evalúa las STEM

---

[11] https://deepmind.google/technologies/gemini

desde un nivel elemental hasta un nivel profesional avanzado y esa evaluación incluye tanto el conocimiento del mundo como la capacidad para resolver problemas. Los temas van por lo tanto desde áreas tradicionales como matemáticas e historia, hasta áreas más especializadas como derecho y ética. La granularidad y amplitud de los temas hacen que el estándar se considere ideal para identificar las áreas en las que un modelo puede tener limitaciones. Google anuncia que Gemini logró acertar correctamente nueve de cada 10 preguntas, un 5% más que GPT-4 y por encima también de la media humana. Gemini puede soportar un contexto de unos 32.000 tokens en las preguntas. En número de tokens, aunque no es una equivalencia directa, hace referencia a que el sistema puede procesar preguntas con un contexto de 32.000 palabras. Es la misma cantidad de GPT-4, pero OpenAi anunció recientemente una GPT4 Turbo, que multiplica por cuatro esa capacidad [12].

La cuarta ola de la IA, encabezada por los LLM, promete no solo superar las barreras de la comunicación entre personas y máquinas, sino también transformar radicalmente la forma en que abordamos problemas complejos. Desde asistentes virtuales más inteligentes hasta la traducción instantánea y la generación de contenido creativo, los LLM están allanando el camino hacia una era en la que la IA no solo procesa datos, sino que también comprende, crea y colabora en un nivel más profundo y consciente. Es precisamente este término de «consciente» el que cada vez se repite más en la abundante literatura científica y técnica en torno a la IA, de la cual gracias a internet todos podemos aprender.

2.5.2 Consciencia Artificial (CA)

El primer concepto que viene a nuestra mente cuando se habla de consciencia, es el relacionado con la metaconsciencia, es decir, la capacidad de tener conocimiento sobre la propia consciencia. Esto en sí entraña una serie de connotaciones metafísicas que dificultan el análisis científico, e invalidan

---

[12] https://platform.openai.com/docs/models

cualquier acercamiento sensato por parte de la ingeniería. Este enfoque sobre lo que entraña la consciencia sella de manera casi hermética la botella wittgensteiniana de nuestro conocimiento, condicionando cualquier avance al respecto y confundiendo la investigación metódica con la especulación.

Entre otros autores e investigadores de diversas disciplinas y en distintas épocas y ámbitos, Karl Gustav Jung expuso el enfoque que permite tanto una aproximación científica como tecnológica al reto de la consciencia. Para Jung *«ser consciente es percibir y reconocer el mundo exterior, así como el propio ser en sus relaciones con el mundo exterior»* [39]. Bajo esta definición, la cual otros investigadores comparten y enmarcan bajo el nombre concreto de *consciencia de acceso*, un sistema artificial capaz de percibir y reconocer el mundo exterior y de relacionarse con él recordando esas experiencias propias (*qualia*) y aprendiendo de ellas, es un sistema que alberga Consciencia Artificial.

2.5.2.1   ¿Qué es la consciencia?

Es importante comenzar con una aclaración de los términos «conciencia» y «consciencia», que a menudo se utilizan indistintamente en el mismo contexto. La conciencia se refiere al conocimiento del bien y del mal que permite a una persona enjuiciar moralmente la realidad y sus propios actos. También puede referirse al conocimiento espontáneo y poco reflexivo de una realidad o al conocimiento de la pertenencia a una determinada clase social y de los condicionantes sociales y políticos que esto implica.

Por otro lado, la consciencia se define como la capacidad de algunos seres vivos para reconocer la realidad circundante y relacionarse con ella, el conocimiento reflexivo de las cosas y el conocimiento inmediato o espontáneo que el sujeto tiene de sí mismo, de sus actos y reflexiones. Por lo tanto, «consciencia» es el término que mejor define los diferentes aspectos del desafío que enfrentamos en la próxima frontera de la IA.

La fenomenología es la teoría de los fenómenos o de lo que aparece, un campo de estudio que se ocupa de la descripción y análisis de la experiencia consciente, es decir, los fenómenos internos que evidencian la existencia de una consciencia. Los antecedentes cercanos de este campo de estudio se encuentran de manera especialmente elaborada, sistemática y sólidamente fundamentada en la lógica y la matemática, en la obra de Edmund Husserl [13]. En la fenomenología, la consciencia se define como un conjunto de actos conocidos como vivencias. La consciencia está siempre dirigida hacia algún objeto o contenido específico. Esto significa que cuando somos conscientes de algo, esa consciencia siempre tiene un objeto particular al cual se dirige. Además, esta consciencia tiene la característica de eliminar toda referencia a la existencia real de las cosas; no percibe objetos reales, sino que aprehende o captura el conocimiento de lo que se denominan fenómenos.

La reducción fenomenológica implica suspender los juicios y suposiciones acerca del mundo externo, centrándose exclusivamente en la experiencia fenoménica tal como se presenta en la consciencia. Este enfoque permite alcanzar la esencia pura de la experiencia, libre de interpretaciones y teorías preconcebidas. Este proceso, conocido como epojé, implica una suspensión del juicio en la cual ni se niega ni se afirma nada, poniendo entre paréntesis no solo las doctrinas sobre la realidad, sino también la realidad misma.

Este modelo propone una explicación para la consciencia natural, estrechamente vinculada a algunas líneas de trabajo recientes en el campo de la IA de vanguardia. En las investigaciones de IA, la consciencia se define frecuentemente basándose en la relación existente entre varios procesos mentales humanos: atención, razonamiento, reconocimiento y comportamiento [40]. Esto implica que un ente consciente tiene la capacidad de prestar atención a un objeto, crear razonamientos sobre él y reconocerlo. Una vez identificado, el sujeto decide cómo interactuar con el objeto. En los humanos, estos mecanismos ocurren de manera consciente y forman

---

[13] "Fenomenología de la consciencia inmanente del tiempo", "Investigaciones lógicas" y "Meditaciones cartesianas" entre otras.

parte de nuestra fenomenología. El paradigma básico de la Consciencia Artificial se inspira en estos procesos observados en los humanos. Sin embargo, es importante destacar que estas observaciones no deben ser una limitación, sino una guía para el desarrollo de la IA.

En cuanto a la fenomenología de la consciencia, es decir, los fenómenos que provocan la consciencia, el fisicalismo es una de las corrientes actuales que se centra en su estudio. Bajo esta perspectiva, todas las propiedades mentales, incluidas las conscientes, o bien son idénticas a, o bien derivan lógicamente de las propiedades físicas. El fisicalismo rechaza toda metafísica, proponiendo que el mecanismo de la consciencia puede entenderse exclusivamente a través de las propiedades físicas que la sustentan. En el caso del cerebro humano, esto implica analizar únicamente su estructura y características físicas. Si la consciencia surge del cerebro, que es un sistema de procesamiento de información complejo como una máquina, entonces una computadora también podría ser consciente [41]. Sin embargo, un gran obstáculo en este enfoque es nuestra limitada comprensión de la naturaleza de las sensaciones, incluyendo los sentimientos. Esta falta de entendimiento sugiere que el fisicalismo podría ser un planteamiento reduccionista y falaz. [42]

De manera complementaria a la corriente fisicalista, el dualismo sostiene que la consciencia no es algo exclusivamente fenoménico. Este enfoque está estrechamente relacionado con el planteamiento de Descartes, que afirma que la mente es una sustancia no física, similar a un «software». Por lo tanto, según el dualismo, todas las propiedades mentales, incluidas las conscientes, no son idénticas ni derivan lógicamente de las propiedades físicas. Una corriente de nuevos dualistas argumenta que, aunque la consciencia no es algo metafísico, no puede explicarse de la misma manera que fenómenos como el calor. Si logramos explicaciones reduccionistas de la mente y el cuerpo que omiten la experiencia subjetiva, no podemos esperar que estas explicaciones nos ayuden a comprender la naturaleza subjetiva de la experiencia. No podemos abandonar el punto de vista subjetivo si queremos acercarnos a la verdadera naturaleza del fenómeno; hacerlo nos alejaría de este objetivo.

Se requiere una fenomenología objetiva que no dependa de la empatía o de la imaginación, sino que pueda describir el carácter subjetivo de las experiencias de manera comprensible para quienes no las han experimentado. Necesitamos un método que permita expresar en términos objetivos mucho más de lo que podemos expresar actualmente.[43]

Otra tercera postura que aquí expondremos sobre las investigaciones en torno a la consciencia va más allá, y tiene en cuenta la dimensión antropológica de todo cuanto tenga que ver con la consciencia. Postula que es imposible tratar la consciencia al margen de toda consideración histórica, temporal o social respecto al individuo. Es decir, afirma que se incurre en un grave error al intentar determinar la consciencia de forma aisladamente individualista, al margen de los elementos históricos, culturales y, por tanto, sociales en su dimensión antropológica. Bajo esta tercera vía, una Consciencia Artificial es parcialmente imposible. La computadora no puede darse cuenta ni saber conscientemente nada, sencillamente porque una maquina no es una persona. Así, la comprensión traída por la consciencia no es accesible a una computadora. Aquí radica para muchos la limitación fundamental de la IA. [42]

Mención aparte merecen las teorías de la consciencia basadas en la mecánica cuántica. La llamada reducción objetiva orquestada (*Orch OR*) es una hipótesis que establece que la conciencia del cerebro se origina de procesos dentro de las neuronas, y no de procesos entre neuronas., afirmando de paso que la computación cuántica que se lleva a cabo en el cerebro explica la consciencia. La transmisión de señales entre neuronas mediante la liberación de neurotransmisores sucede en las vesículas sinápticas que se encuentran a lo largo de sus axones, desempeñando el citoesqueleto de las neuronas un papel fundamental en la dinámica de estas vesículas. Desde la década de 1990, Stuart Hameroff, psicólogo de la Universidad de Arizona en Tucson, Estados Unidos, y Roger Penrose, físico matemático de la Universidad de Oxford en Oxford, Reino

Unido, proponen la idea de que los microtúbulos, que son esas unidades más pequeñas del citoesqueleto, funcionan como canales para la transferencia de información cuántica que subyace a la conciencia. Esto constituye el modelo cuántico de la consciencia, que da lugar a la teoría de la orquestación objetiva; *Orch OR*, por sus siglas en inglés.

La teoría de *Orch OR* ha sido criticada repetidamente desde su nacimiento, incluidas las diferentes adaptaciones a los experimentos que la han venido refutando. Hameroff y Penrose admiten que sus microtúbulos neuronales en la frontera entre la neurofisiología y la gravedad cuántica son en gran media especulación no avalada por la experimentación. Admiten así que *"el mecanismo real subyacente a la producción de la consciencia en un cerebro humano será mucho más sofisticado que cualquiera de los que podamos imaginar en la actualidad, y probablemente diferirá en muchos aspectos importantes de lo que podamos anticipar en nuestras actuales propuestas"* [44]

En este sentido, la biología cuántica ha generado considerable interés, aunque su papel en procesos como la captación de luz en la fotosíntesis, la magnetorrecepción, la catálisis enzimática o las mutaciones del ADN difiere significativamente de su implicación en la teoría *Orch OR*. Para que una teoría cuántica de la conciencia sea robusta, debe ser detallada, verificable, falsificable y presentar un enfoque metodológicamente riguroso. Orch OR no parece ser una vía prometedora para entender la naturaleza de la consciencia. La consciencia, en este sentido, podría considerarse como el equivalente del *gato de Schrödinger* en el ámbito de la neurociencia.

2.5.2.2   El problema difícil de la consciencia

La consciencia parece ser un problema fundamentalmente irresoluble. David Chalmers ha influido notablemente en este ámbito al definir el «*problema difícil*» de la consciencia, el cual plantea la necesidad de explicar no solo cómo, sino por qué tenemos experiencias personales. Estas experiencias, íntimamente relacionadas con la consciencia, son conocidas como qualia.

Para Chalmers, tal y como expone en su libro "*The Conscious Mind*", las señales eléctricas solo pueden producir otras señales eléctricas o consecuencias físicas como fuerza o movimiento, pero nunca sensaciones y sentimientos cualitativamente diferentes, es decir, **qualia**. Los sentimientos son propiedades o estados subjetivos internos correlacionados con propiedades externas de la materia que consideramos objetivas. Representan una clase de fenómenos completamente diferente de los fenómenos materiales.[45]

En contraposición al gran problema difícil planteado por Chalmers, los problemas fáciles son los que tiene que ver con los que explican un mecanismo que lleva a una función determinada. Ahí sí que todo apunta a que la IA está logrando avanzar. Entonces, el problema difícil tiene que ver con cómo y cuando surge la sinergia que lleva a que, de la suma de las soluciones a los problemas fáciles, emerge la consciencia de manera espontánea. Porque si la consciencia no puede explicarse exclusivamente por eventos físicos, entonces requiere de una explicación metafísica [41]. Es este sin duda un tema controvertido. ¿Qué es concretamente *qualia*?

Thomas Nagel en su ampliamente citado ensayo «¿Cómo es ser un murciélago?» ("*What Is It Like to Be a Bat?*") [43] publicado en 1974, argumenta que hay aspectos de la experiencia de ser un murciélago que son intrínsecamente inaccesibles para los humanos debido a las diferencias fundamentales en la estructura y capacidad sensorial.

En línea con estos planteamientos, Marvin Minsky consideraba que el concepto de qualia estaba estrechamente relacionado con las emociones, las cuales resultan de la interacción de múltiples procesadores mentales, cada uno diseñado para abordar ciertos aspectos de la experiencia humana. Minsky describía la mente como una "máquina de emociones" compuesta por una red de módulos cognitivos que trabajan juntos para generar respuestas emocionales. Con esto, desafía la noción tradicional de las emociones como entidades innatas, sugiriendo que son construcciones mentales que emergen de la complejidad de la mente. El «*emergente*» de la consciencia forma el núcleo de su postulado. Partiendo de esta base, Minsky explora conceptos como la autoconsciencia, la percepción y la toma de decisiones, presentando una visión de la mente humana como una máquina que construye y organiza sus propias emociones de manera autónoma. Esta perspectiva ofrece una comprensión más dinámica y compleja de la mente humana, donde las emociones son vistas como productos de la interacción de diversos procesos cognitivos. [7].

La verdad científica se fundamenta en la realidad y se ajusta a ella, independientemente de la autoridad o el prestigio de quienes hayan formulado verdades anteriores o contemporáneas. Las afirmaciones hechas por eruditos, tanto del pasado como del presente, carecen de validez a menos que sean corroboradas por la realidad y los hechos experimentales comprobados.

Desde un punto de vista epistemológico, se puede argumentar que el "problema difícil" de la consciencia carece de sentido. La ciencia se ocupa de investigar el "cómo" de los fenómenos, no el "por qué" final, que es más propio de disciplinas con fundamentos escatológicos. Por lo tanto, el "problema difícil" de la consciencia, bajo este enfoque, se reduce a un ejercicio intelectual interesante pero ajeno a los objetivos centrales de la investigación científica.

2.5.2.3 ¿Qué es Consciencia Artificial?

Como hemos visto, la consciencia, en su dimensión antropocéntrica, es un fenómeno complejo de definir y delimitar, con múltiples aproximaciones a su definición. Sin embargo, implica necesariamente la capacidad de tener experiencias subjetivas, con un conocimiento íntimo y personal de uno mismo y del entorno. Este es un aspecto fundamental de la experiencia humana, que implica la capacidad de percibir, sentir y tener experiencias internas. Por definición, esto va más allá de la mera capacidad de procesar información, ya que implica una experiencia subjetiva única e intransferible para cada individuo.

La consciencia también puede incluir, en última instancia y no de manera contingente pero no necesaria, el fenómeno de la autoconsciencia o metaconsciencia. Esto se refiere a la capacidad de un ser para percibirse a sí mismo como una entidad separada y única en el mundo. La Consciencia Artificial debe englobar, por lo tanto, la propia IA tal y como la conocemos hoy, que incluye el aprendizaje automático (Machine Learning) como una de sus técnicas, y el aprendizaje profundo (Deep Learning) como una especialización de dicho aprendizaje automático.

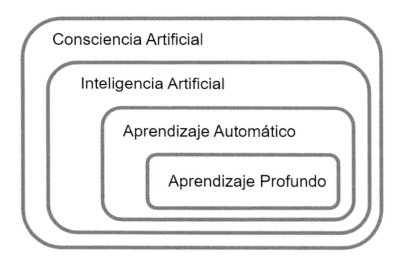

En el ámbito de la neurociencia, se ha avanzado significativamente en la comprensión de cómo ciertas áreas del cerebro están asociadas con diferentes aspectos de la consciencia. La corteza cerebral desempeña un papel crucial en procesos cognitivos avanzados que la ciencia ha logrado discretizar, medir y ponderar. Estos avances en el estudio de la consciencia [46], han influido en el desarrollo de sistemas artificiales.

Frecuentemente, se define la consciencia en función de la relación entre los procesos mentales de atención, razonamiento, reconocimiento y comportamiento en los seres humanos [40]. Por lo tanto, un ser consciente presenta la capacidad de prestar atención a un objeto, pensar sobre él (procesar la información recibida) y reconocerlo. Una vez identificado, el sujeto puede decidir cómo interactuar con el objeto o simplemente almacenar la información que lo define.

El paradigma de la Consciencia Artificial se inspira, al igual que muchos otros avances científicos, en estos procesos observados en la naturaleza. El objetivo es desarrollar sistemas artificiales que presenten capacidades y funcionalidades análogas a las observadas en los sistemas biológicos.

La mayoría de las teorías de la consciencia utilizadas en IA fueron enunciadas durante la segunda etapa de la evolución de esta ciencia, atendiendo a aspectos funcionales cognitivos. Es aquí donde nos encontramos con los trabajos y publicaciones de Bernard Baars con su "*A Cognitive Theory of Consciousness*" [47], Danieel Dennett en "*Consciousness Explained*" [48], John Searle con "*The rediscovery of the Mind*" [49], Ned Block y su colección "*Consciousness, Function, and Representation: Collected Papers*" [50], David Chalmers "Availability: *The Cognitive Basis of Experience*" [45] , Rob Sun "*Duality of the mind. A bottom up approach toward cognition*" [51] y en estos últimos años David Gamez y su extremadamente recomendable "*Human and Machine Consciousness*" [41], Pentti Haikonen con "*Consciousness and Robot Sentience*" [35], y Federico Faggin "*Silicon: From the Invention of the Microprocessor to the New Science of Consciousness*" [42]. Este último, además, jugó un papel trascendental en el desarrollo del ordenador personal tal y como lo conocemos hoy en día. Fue el creador del primer microprocesador de Intel, el 4004, y posteriormente, en su propia empresa Zilog, diseñó el microprocesador Z80. Aunque esta, ciertamente, es otra historia [25].

De todas las referencias citadas podemos extraer ciertos denominadores comunes, que definen tanto lo que es la CA como lo que se espera de ella. Existe por lo tanto una clasificación de más alto nivel que es útil en esencia para distinguir entre lo que actualmente podemos aspirar a reproducir en una máquina y lo que no. Se trata entonces de diferenciar entre la consciencia fenoménica y la consciencia de acceso o proposicional, es decir, a la capacidad de ser consciente de información específica y de acceder a ella de manera directa y reflexiva. La consciencia de acceso se trata de la capacidad de tomar decisiones y realizar operaciones cognitivas basadas en la información que está disponible para la mente en un momento específico, lo cual implica que la información es conscientemente procesada y puede influir en el pensamiento y el comportamiento, en base a proposiciones o declaraciones específicas. Estas proposiciones son afirmaciones que expresan hechos o significados y tienen un determinado valor de veracidad. Ha de haber también una capacidad de mantener en la mente esas relaciones de veracidad y ser consciente de afirmaciones con significado.

El Dr. David Gamez, Catedrático de Ciencias Computacionales de la Middlesex University London, es uno de los principales, más influyentes, y activos actuales investigadores en CA. Gamez ha desarrollado un sistema que engloba las diferentes teorías sobre la consciencia. Este sistema es el llamado marco de teorías C. Una teoría C de la información, es aquella que vincula la consciencia con patrones de información espacio temporales, o lo que es lo mismo con representaciones de la información y los códigos utilizados. Este marco fisicalista afirma que los conjuntos de información (CC) solo contienen patrones de información, y estos pueden implementarse en cualquier material. Cualquier representación puede contener un código con información esperando a ser revelada. Para Gamez, si se descubre un patrón de disparo de neurona P, que se encuentra relacionado don un estado consciente C, y se aplica una interfaz para extraer la información I de ese patrón P, el estado de consciencia C estaría presente en cualquier sistema S, dando igual si el sistema de representación está formado por un montón de piedras o por las luces de un semáforo [41].

Gamez llama *interfaz* a las representaciones. Las teorías C físicas utilizan interfaces para recopilar información sobre el mundo físico. La interfaz actúa como una ventana a los materiales, y las teorías C físicas vinculan los patrones de estos materiales con la consciencia. En una teoría C de la información, el patrón de información que se extrae a través de una interfaz no es una medida de otra cosa; está vinculado a la consciencia independientemente de la interfaz o el material en el que se produzca. La Teoría C parte de que la información es subjetiva, y por lo tanto ha de ser tratada teniendo en cuenta esa subjetividad. En su modelo usa el concepto de burbuja de percepción que equivale en líneas generales a *qualia*. La consciencia es entonces una burbuja de experiencia. Un informe-c es un comportamiento físico que se interpreta como un informe sobre la consciencia de una persona. Un informe NC es un comportamiento físico que se interpreta como un informe sobre contenido mental no consciente.

Un sistema estándar de platino es un sistema físico que se supone que está asociado con la consciencia parte o todo el tiempo. El sistema estándar de platino universal es el cerebro humano, aunque a efectos de investigación se puede aceptar otro. Así, una descripción-p de un cerebro es una medida formal del estado de un cerebro, y un correlato del estado consciente es un conjunto mínimo de una o más estructuras espaciotemporales en el mundo físico. Este conjunto está presente cuando el estado consciente está presente y ausente cuando el estado consciente está ausente. Esto se denominará conjunto CC. Una descripción-c es una descripción formal de un estado consciente. Una descripción-p es una descripción formal de una estructura espacio temporal en el mundo físico, es decir, una representación y un código de un estado consciente. Una teoría C es una expresión compacta de la relación entre la consciencia y el mundo físico, es decir, entre una descripción-c y una descripción-p. Así podemos crear sistemas cuyo comportamiento externo es similar a los sistemas conscientes conocidos (MC1), sistemas que integran modelos de conjuntos CC (MC2), sistemas que integran un solo modelo de modelos de consciencia (MC3), o sistemas asociados a burbujas de experiencia (MC4), dando lugar a cuatro tipos de consciencia en las máquinas [41].

Gamez que puede llevar cientos o miles de años desarrollar sistemas artificiales con niveles humanos de consciencia e inteligencia, y podría ser imposible construir máquinas superinteligentes.

2.5.2.4 Sentido común, conocimiento y razonamiento

En un *paper*[14] de 1958, John
McCarthy postulaba que
sentido común es el eje
vertebrador que permite a la IA
comprender y procesar
información de manera análoga
a como lo hacemos los
humanos. Es la pieza de su
puzle interior que habilita a la
IA para poder interactuar con
un mundo diseñado por los
humanos, y para los humanos.

Sin embargo, a pesar de ser un área de investigación activa
desde entonces, la IA se encuentra todavía lejos del nivel
humano en términos de sentido común, conocimiento y
razonamiento contextual. En este sentido, las últimas décadas
hemos asistido a progresos en el desarrollo de teorías de
acción y sistemas de razonamiento no monótono que veremos
en los apartados sobre lógica de más adelante, pero todavía
se necesitan más ideas y modelos nuevos y productivos. Estos
nuevos enfoques adoptados por la ciencia cognitiva buscan
comprender y explicar cómo las personas tomamos decisiones
y la manera en que nos comprometemos en comportamientos
específicos.

En su *"Formalizing common sense"* [52] John McCarthy
subraya la necesidad de dotar a los sistemas de Inteligencia
Artificial (IA) de un entendimiento intuitivo y formalizado del
mundo real. Esta colección de artículos, iniciada en 1958 y
abarcando un período de treinta años, ofrece una amplia
gama de contenido que va desde encuestas informales
dirigidas a una audiencia general hasta discusiones técnicas
sobre problemas de investigación de interés para los
especialistas. McCarthy aborda la importancia de los
operadores lógicos para representar el razonamiento de
sentido común, especialmente en lo que respecta a la
identidad de las entidades. Además, introduce la idea de

---

[14] http://jmc.stanford.edu/articles/mcc59.html

tratar situaciones como objetos matemáticos, lo cual permite razonar sobre ellas de manera estructurada y precisa. Este enfoque tiene como objetivo principal mejorar la capacidad de los sistemas de IA para manejar el conocimiento cotidiano y realizar inferencias que se asemejen al pensamiento humano.

La obra incluye diversas contribuciones que exploran cómo los operadores lógicos pueden ser utilizados para modelar el razonamiento de sentido común. Por ejemplo, se discuten métodos para representar y manejar conceptos como la identidad de los objetos a lo largo del tiempo y en diferentes contextos. McCarthy también examina cómo los sistemas de IA pueden utilizar estos operadores para realizar deducciones lógicas sobre el estado del mundo, lo que permite aplicaciones prácticas como la robótica, la toma de decisiones automatizadas y la comprensión del lenguaje natural.

3 Fundamentos y tecnologías

Los fundamentos de la IA abarcan una amplia gama de conceptos y principios que forman la base teórica que hacen posible las tecnologías. Hemos ya expuesto alguno de ellos, dentro de la evolución histórica que acabamos de repasar, dado que entender estos fundamentos más allá de las tecnologías específicas es esencial para desarrollar proyectos de IA consistentes. Comprender las diferencias entre los diferentes enfoques y aproximaciones, y cuándo aplicar cada uno u otro, familiarizarse con arquitectura, modelos y algoritmos clave, conocer cuáles son las bases matemáticas que subyacen en todos ellos, forman el camino que nos conduce a crecer en una base sólida, a partir de la cual abordar proyectos de IA de manera eficiente.

Las tecnologías utilizamos en IA, son la parte visible de cualquier proyecto, que emerge de ese conjunto de conocimientos científicos base a los que nos referimos, al aplicarse de manera enfocada al desarrollo de dispositivos, procesos concretos y sistemas aplicados que facilitan nuestra vida cotidiana. El uso de tecnologías de IA mejora la eficiencia de las actividades humanas, o permiten satisfacer necesidades específicas. En un sentido más amplio, entendemos por tecnología cualquier herramienta, máquina, dispositivo o proceso creado por el ser humano para transformar, manipular o aprovechar los recursos con el objetivo de resolver problemas o alcanzar metas. El desarrollo y evolución de la ingeniería que nos ha proporcionado esa tecnología se solapa con el avance y el desarrollo de las civilizaciones, incluida la que pertenecemos. Hoy en día desarrollamos prioritariamente fuentes de energía renovable, transportes rápidos, edificios más grandes y eficientes, e incluso creamos robots para realizar las tareas que son demasiado peligrosas y difíciles para nosotros [53]. Eventualmente buscamos mediante sistemas de IA avanzados, reproducir la propia capacidad generativa del intelecto humano, o en todo caso, potenciarlo y servir de complemento.

3.1 Lógica

Representamos el conocimiento que un sistema alberga sobre el mundo en general, los hechos de la situación específica en la que debe actuar y sus objetivos, mediante oraciones en lenguaje lógico matemático. En esta cosmovisión que a partir de la realidad factual modela **el mundo como información y**  **representación**, se puede inferir nuevo conocimiento que puede ofrecer las respuestas frente a una decisión. Sabemos en base a esto cómo generar constructos computaciones llamados programas, que aparentan decidir de manera autónoma lo que hacer, determinando que ciertas acciones son apropiadas para alcanzar sus objetivos, siguiendo verbatim las instrucciones recibidas.

La inferencia como deducción lógico matemática que parte de la lógica clásica es adecuada para algunos propósitos, aunque para otros no tanto. Por esta razón, desde la década de 1970 se le han añadido nuevos métodos de inferencia no monótona, entre otros ejemplos de lógicas no clásica que a continuación veremos. A este respecto concreto, el tipo más simple de razonamiento no monótono es el razonamiento por defecto, en el cual se debe inferir una conclusión por defecto, pero dicha conclusión puede retirarse si hay evidencia en contrario. Por ejemplo, cuando escuchamos una conversación acerca de un ave, podemos inferir que puede volar, pero esta conclusión puede revertirse cuando escuchamos que es un avestruz. Es la posibilidad de que una conclusión deba retirarse lo que constituye el carácter no monótono del razonamiento. El razonamiento lógico ordinario es monótono en el sentido de que el conjunto de conclusiones que se pueden extraer de un conjunto de premisas es una función monótonamente creciente de las premisas. La circunscripción es otra forma de razonamiento no monótono.

La programación lógica vinculada a la IA ofrece lenguajes de programación útiles como por ejemplo el Prolog. Además, en ocasiones, una teoría útil en IA puede ser expresada como una colección de *cláusulas de Horn*. Una cláusula de Horn es una expresión lógica utilizada en lógica matemática y programación lógica, que a lo sumo tiene un literal positivo, es decir, una única expresión atómica que puede ser verdadera o falsa. El nombre de *cláusula de Horn* proviene del lógico Alfred Horn, quien estudió y formalizó este tipo de estructuras en la década de 1950. Estas cláusulas tienen aplicaciones en diversas áreas, incluyendo la representación del conocimiento. [54]

En la programación lógica, especialmente en lenguajes como Prolog, las cláusulas de Horn son fundamentales. Estas cláusulas se utilizan para representar reglas lógicas y son la base de la inferencia lógica en sistemas de programación basados en lógica. La interpretación de una cláusula de Horn es que, si los literales negativos son verdaderos, entonces el literal positivo también debe ser verdadero. Aunque existen dos posibles obstáculos para considerar la IA como programación lógica. En primer lugar, las teorías de Horn no abarcan completamente la lógica de primer orden. En segundo lugar, el programa Prolog que expresa la teoría puede ser extremadamente ineficiente. A menudo se requiere de un control más elaborado que simplemente ejecutar el programa que expresa la teoría. Por ejemplo, los problemas de coloración de mapas ofrecen ejemplos en este sentido.

3.1.1 Lógica clásica

Un sistema formal es un conjunto de reglas, axiomas y símbolos que se utilizan para describir de manera precisa y sin ambigüedades algún aspecto del conocimiento. Estos sistemas se utilizan para establecer un marco riguroso para el razonamiento y la deducción. La lógica clásica es un sistema formal que sigue los principios de la lógica aristotélica, la cual ha ido ampliándose y perfeccionándose a lo largo de toda la historia del conocimiento

3.1.1.1 Lógica proposicional o de enunciados

En su obra *Organon*, específicamente en *Analytica priora*, Aristóteles desarrolló un sistema de lógica que se centraba en el razonamiento deductivo y en la inferencia a partir de proposiciones. Aristóteles analizó las formas básicas de argumentos y estableció reglas para el silogismo, una forma específica de razonamiento deductivo que consiste en dos premisas y una conclusión. Cada premisa tiene un término en común con la conclusión. El ejemplo clásico de silogismo, parte de dos premisas:

P: Sócrates es un ser humano
Q: Todo ser humano es mortal

Podemos utilizar estas premisas para expresar lógicamente la idea de que Sócrates es mortal. En términos de lógica proposicional (también llamada lógica de enunciados), podríamos escribir una afirmación como la siguiente:

P→Q

Esto se lee como "Si Sócrates es un ser humano, entonces Sócrates es mortal". Aquí, → representa el conectivo lógico de implicación.

Respecto a la inferencia en lógica proposicional, las dos formas clásicas son el *modus ponens* (si un suceso P ocurre entonces un suceso Q ocurre, y como P ocurre entonces Q ocurre) y el *modus tollens* (si un suceso P ocurre entonces un suceso Q ocurre, y como Q no ocurre entonces P no está ocurriendo). Con esto el *modus ponens* afirma que, si conoces la verdad de una afirmación condicional y la verdad del antecedente, entonces puedes afirmar la consecuente. El *modus tollens*, por otro lado, te permite negar el antecedente cuando la consecuente es falsa. Ambos son principios fundamentales en lógica y razonamiento deductiva. Distinguimos también dos tipos de inferencias, la inductiva que se basa en observaciones particulares para llegar a una conclusión general, y la deductiva, que se basa en premisas generales para llegar a una conclusión específica. En el ejemplo del silogismo planteado, si aceptamos que todas las personas son mortales (premisa 1) y que Sócrates es una persona (premisa 2), entonces podemos inferir deductivamente que Sócrates es mortal [55].

En esta línea de fundamentaciones lógicas iniciada en la Grecia clásica, Boole es considerado uno de los fundadores de la lógica matemática moderna. Sus obras "*The Mathematical Analysis of Logic*" y "*An Investigation of the Laws of Thought*" [56] introdujeron el álgebra booleana, la cual forma parte de los fundamentos básicos de la computación digital. En la segunda de las mencionadas obras, expande y desarrolla sus ideas presentadas en la primera, proporcionando una presentación más detallada de la lógica simbólica y su aplicación para analizar los procesos del pensamiento y el razonamiento. Introduce además el concepto de las ecuaciones lógicas, donde las proposiciones se expresan como ecuaciones algebraicas, y desarrolla reglas para la simplificación y manipulación de expresiones lógicas complejas, dando lugar a la llamada algebra booleana. Boole aplica su sistema algebraico a la resolución de problemas lógicos. Años después, Claude Shannon, el ingeniero eléctrico y matemático estadounidense que ya citamos al hablar de las conferencias de Darmouth y de Theseus, aplicaría el algebra booleana a sus teorías de circuitos eléctricos, y de la información, suponiendo esto un hito en el desarrollo de la informática y las telecomunicaciones como ciencias y tecnologías con una base sólidas.

La lógica proposicional por lo tanto se ocupa de las proposiciones, las cuales son afirmaciones que puede ser verdaderas o falsas, pero no ambas, centrándose en la manipulación y el análisis de estas proposiciones o verdades contingentes. En este tipo de lógica se hace uso de una combinación de conectivos lógicos como «y» (conjunción), «o» (disyunción), «no» (negación), «si...entonces» (implicación), y «si y solo si» (bicondicional) [57]. Basándose en estos principios básicos que son utilizados como núcleo de la IA, podemos representar el conocimiento factual de manera formal, consiguiendo además razonar sobre la información disponible. Con ello la lógica proposicional proporciona en IA un marco estructurado para expresar declaraciones verdaderas o falsas sobre el mundo, e incorporar reglas para guiar así los comportamientos, expresadas en términos utilizados en la formulación y resolución de problemas. Mediante lógica proposicional se definen las condiciones y acciones que deben cumplirse para alcanzar un objetivo específico, y cómo debe actuar el sistema en diferentes situaciones que se pueden dar en su camino hacia el objetivo marcado.

En los sistemas expertos de los hablamos en la segunda ola de la IA, la lógica proposicional es una de las herramientas utilizadas para representar el conocimiento y las reglas en estos sistemas. A partir de esta representación, la inferencia lógica proporciona el proceso de derivar nuevas afirmaciones lógicamente válidas a partir de las afirmaciones existentes. De esta forma se extraen conclusiones lógicas a partir de la información representada.

3.1.1.2   Lógica primer orden o de predicados

La lógica de primer orden, también conocida como lógica de predicados, fue desarrollada principalmente por los lógicos matemáticos Gottlob Frege, sobre todo en su *Begriffsschrift* de 1879, y Bertrand Russell, con su *Principia Mathematica* de 1910, que creo en colaboración con el también lógico Alfred North Whitehead, siendo una extensión de la proposional.

 La lógica de primer orden permite la cuantificación sobre variables y la expresión de relaciones complejas entre objetos. Es una extensión de la lógica proposicional y ha sido esencial en la formalización de las matemáticas y en la fundamentación de la teoría de conjuntos. Las contribuciones de Frege y Russell en este campo han tenido un impacto significativo en la lógica matemática y el desarrollo de la tecnología computacional. La lógica matemática es esencial para la teoría y el diseño de algoritmos, que son la base de la computación moderna. Los principios lógicos desarrollados por Russell han influido en la formalización de procesos de computación, particularmente en aquellos relacionados con la IA y en cómo conceptualizamos en nuestra mente e intentamos replicar funciones mentales en sistemas computacionales. Además, la obra de Russell en epistemología y teoría del conocimiento ha influido en la forma en que abordamos la adquisición, el procesamiento y la representación del conocimiento en sistemas computacionales [57]

En la lógica de primer orden, se introducen variables que pueden representar elementos específicos de un dominio. Se utilizan cuantificadores, como el cuantificador universal (∀) o el cuantificador existencial (∃), para expresar afirmaciones sobre todas las instancias o al menos una instancia de una variable. Los predicados son expresiones que contienen variables y que pueden evaluarse como verdaderas o falsas dependiendo de los valores particulares asignados a las variables. Los predicados permiten expresar relaciones y propiedades acerca de los elementos en un dominio. Además, Se pueden utilizar funciones para representar operaciones y relaciones entre variables tomando estas uno o más argumentos y devolviendo un valor. Esto permite una representación más detallada de las relaciones y operaciones en el razonamiento lógico, mediante la definición de estructuras y modelos matemáticos más complejos que la lógica proposicional. Los modelos representan interpretaciones de las variables y predicados en un dominio específico.

Al igual que en la lógica proposicional, la lógica de primer orden utiliza axiomas y reglas de inferencia para derivar nuevas proposiciones lógicas a partir de proposiciones existentes de las que partimos. Sin embargo, la lógica de primer orden es más expresiva y versátil en términos de razonamiento lógico, aunque también más compleja computacionalmente que la lógica proposicional, lo cual como veremos entraña un problema.

La satisfacibilidad y la validez en la lógica de primer orden pueden involucrar algoritmos más sofisticados debido a la presencia de cuantificadores y funciones. La satisfacibilidad en lógica de primer orden se refiere a la propiedad de una fórmula lógica de tener al menos una interpretación o asignación de valores a las variables que la hace verdadera, teniendo en cuenta que se trata de encontrar una interpretación que haga verdadera una fórmula que puede contener variables cuantificadas. Con tan solo una interpretación válida, ya afirmamos que es satisfacible.

Por otro lado, un problema decidible o computable es aquel para el que existe un algoritmo que, dados los datos de entrada correspondientes al problema, siempre se detiene y produce la respuesta correcta para cualquier instancia del problema. La lógica de primer orden en sí misma es decidible, lo que significa que hay algoritmos que pueden decidir si una fórmula de lógica de primer orden es satisfacible o no. Sin embargo, hay problemas relacionados con la lógica de primer orden que son no decidibles. Verbi gratia:

$$\forall x(P(x) \lor \neg P(x))$$

Esta fórmula expresa que para cualquier cosa x, P(x) o su negación ¬P(x) es verdadera, es decir, o se cumple algo o su negación, o se es, o no se es. La fórmula es válida porque es un principio de la lógica clásica, aunque la mecánica cuántica parezca contradecirlo y el gato de Schrödinger, está vivo y no vivo a la vez. Sin embargo, demostrar la validez de una fórmula en general implica considerar todas las interpretaciones posibles, lo cual hace este problema no decidible [55]. Definitivamente no podemos considerar todas las interpretaciones posibles de lo contingente.

Hay dos teoremas destables que aplican a la lógica de primer orden:

　　i.El teorema de Löwenheim-Skolem que afirma que una lógica de primer orden con una cantidad finita de símbolos diferentes admite un modelo numerable. Es decir, si una teoría de primer orden es consistente entonces tiene al menos un modelo con dominio finito o numerable

ii.El teorema de compacidad, el cual afirma que un conjunto de proposiciones lógicas de una lógica de primer orden es satisfacible si y solo si cualquier subconjunto finito de estas proposiciones es satisfacible.

3.1.1.3 Lógica de segundo orden

La lógica de segundo orden es una extensión de la lógica de primer orden, que a su vez vimos es una extensión de la lógica proposicional. En la lógica de segundo orden, además de las variables cuantificadas que representan objetos individuales que nos encontramos en la lógica de primer orden, también se contempla el uso cuantificadores que varían sobre conjuntos de objetos, propiedades o funciones, es decir, variables. Esto le confiere a la lógica de segundo orden una mayor expresividad y capacidad para expresar propiedades que no pueden representarse en la lógica de primer orden. Hay por lo tanto proposiciones no formalizables aplicando el formalismo de la lógica de primer orden que sí pueden ser formalizadas correctamente con la lógica de segundo orden.

Los teoremas de Löwenheim-Skolem y de compacidad, no se sostienen en lógica de segundo orden.

3.1.2 Lógica no clásica

La lógica clásica tiene ciertas características, como el principio de tercero excluido (una proposición o su negación es verdadera), la ley de no contradicción (una proposición y su negación no pueden ser ambas verdaderas) y la lógica bivalente (cada proposición es verdadera o falsa). Las lógicas no clásicas exploran y desarrollan sistemas lógicos que relajan o alteran algunas de estas características fundamentales, siendo esto de gran utilidad para modelar sistemas computacionales que no se adaptan por completo a lo que la lógica clásica ofrece.

3.1.2.1   Lógica difusa o Fuzzy

La lógica difusa o lógica fuzzy es una extensión de la lógica clásica que permite manejar la incertidumbre y la imprecisión. Fue introducida por el matemático y lógico Lotfi Zadeh en 1965, en su artículo titulado Fuzzy Sets [58]. En esta clase de lógica, en lugar de los conjuntos tradicionales donde un elemento debe pertenecer o no por completo a un conjunto, se hace uso de los conjuntos difusos que permiten grados de pertenencia, expresados por valores entre 0 y 1. Cada conjunto difuso tiene asociada una función de pertenencia que describe cómo los elementos del universo de discurso pertenecen al conjunto. Gracias a esta característica que la acerca la realidad, la lógica difusa se ha convertido en un área importante de estudio en IA, control de sistemas y toma de decisiones.

Estas funciones de pertenencia que citamos son generalmente curvas suaves que asignan un grado de pertenencia a cada elemento. Se utilizan entonces operaciones difusas para combinar o comparar conjuntos difusos. Por ejemplo, la conjunción difusa (AND difuso) y la disyunción difusa (OR difuso) son operaciones que permiten combinar grados de pertenencia de manera más flexible que en la lógica clásica. Partiendo de esta base, en lugar de las reglas de la forma «si...entonces» de la lógica clásica, la lógica difusa utiliza reglas difusas. Estas reglas expresan relaciones entre conjuntos difusos y se aplican de manera flexible, de manera que un conjunto de reglas difusas forma un sistema de inferencia difusa.

Este sistema de inferencia difusa procesa la información mediante la aplicación de reglas difusas, con lo que puede tener entradas no binarias, aplicar reglas y generar salidas difusas, por lo que a priori la relación entre las entradas y las salidas no es clara ni precisa. Ahora bien, La etapa final en un sistema de inferencia difusa es la *desfusificación*, que convierte las salidas difusas en valores discretos y permite finalmente tomar decisiones basadas en los grados de pertenencia obtenidos en el proceso de inferencia difusa.

3.1.2.2 Lógica difusa compensatoria (LDC)

La LDC es una variante de la lógica difusa que se utiliza para modelar la toma de decisiones en situaciones en las que es necesario compensar o equilibrar diferentes criterios o factores. En lugar de seguir un enfoque estricto condiciones del tipo «si...entonces», como en la lógica difusa tradicional, la lógica difusa compensatoria permite una mayor flexibilidad al considerar múltiples criterios y asignarles pesos. Estos pesos representan el grado en que se satisface cada criterio. La compensación se refiere entonces al proceso de equilibrar los diferentes grados de cumplimiento en función de los pesos asignados a cada criterio.

La lógica difusa compensatoria se ha aplicado en campos como la toma de decisiones, la gestión de riesgos, la ingeniería de sistemas y la planificación estratégica, donde es necesario considerar y equilibrar múltiples factores [59]

3.1.2.3 Lógica Probabilística

La lógica probabilística representa y el razona con la incertidumbre mediante el uso de la teoría de la probabilidad, considerándose una extensión de la lógica clásica. En la década de 1980 los investigadores comenzaron a explorar formas de integrar la teoría de la probabilidad en los sistemas de IA. Judea Pearl, un influyente científico de la computación, contribuyó significativamente a la integración de la teoría de la probabilidad y la causalidad en modelos gráficos probabilísticos.

Veremos en un apartado específico, como la probabilística se aplica en IA, y como la combinación de la teoría de la probabilidad con los avances en el aprendizaje automático ha llevado a enfoques más sofisticados para la toma de decisiones y la modelización de sistemas complejos.

3.1.2.4   Lógica Modal

La lógica modal se ocupa de la modalidad, es decir, de la expresión de nociones como posibilidad, necesidad y contingencia. Saul Kripke, en la década de 1950, hizo contribuciones revolucionarias a la lógica modal, para lo cual introdujo la semántica de mundos posibles, que se ha convertido en un enfoque ampliamente utilizado en la lógica modal contemporánea [60].

En sistemas de IA, la semántica de mundos posibles se utilizado para representar y razonar sobre el conocimiento en entornos cambiantes. Cada mundo posible puede representar un estado diferente del conocimiento o del sistema, y los operadores modales permiten expresar relaciones entre estos mundos. Esto es especialmente útil en la verificación formal de sistemas, dado que la semántica de mundos posibles permite analizar propiedades modales y temporales, con lo que se puede verificar la corrección y la consistencia de sistemas críticos mediante la exploración de esos mundos posibles y la evaluación de proposiciones en esos mundos. Esto está ligado a la lógica deóntica, una extensión de la lógica modal que se ocupa de nociones normativas y de obligación, que se utiliza en sistemas multiagente para modelar restricciones y obligaciones entre agentes, siendo esto crucial en entornos donde los agentes deben cumplir con reglas y normativas.

La semántica de mundos se utiliza en lógica modal para razonar sobre propiedades que cambian a lo largo del tiempo. En este contexto, los mundos posibles representan diferentes puntos en el tiempo, y la relación de accesibilidad modela cómo la información y las propiedades pueden evolucionar, dando lugar a nuevos tipos de lógica cuando el factor tiempo se cuantifica en términos concretos.

3.1.2.5   Linear Temporal Logic (LTL)

La lógica temporal lineal o la lógica temporal de tiempo lineal (LTL) como planteamiento lógico formal, parte de los trabajos de Arthur Prior y Saul Kripke, y se ocupa como ampliación de la lógica modal en la que se basa, del razonamiento en el tiempo y las secuencias temporales [60] . En lógica temporal se modela y planifica la ejecución de acciones a lo largo del tiempo, siendo este un factor determinante en este enfoque que gira en torno a expresar restricciones temporales, y razonar sobre la evolución de un sistema a medida que las acciones  se ejecutan. Este enfoque es especialmente útil en entornos con múltiples agentes, en mediante iteraciones temporales se coordinan actividades en un hilo temporal, razonando sobre la sincronización necesaria en el devenir de lo que acontece. Así, se utiliza en la verificación formal de sistemas para garantizar que un sistema cumple con propiedades específicas a lo largo del tiempo, ayudando a verificar la corrección de sistemas complejos y a identificar posibles problemas temporales.

La lógica temporal, como extensión de la lógica modal, es en la práctica usada en sistemas de reglas, donde ha de tener en cuenta el factor tiempo. Por eso, la principal aplicación de la LTL es la robótica. En este campo se emplea para modelar y planificar movimientos y acciones de robots a lo largo del tiempo, expresando restricciones temporales en las tareas a realizar.

3.1.2.6   Lógica Paraconsistente

La lógica paraconsistente es un tipo de lógica no clásica que se desarrolló para lidiar con la presencia de inconsistencias en un sistema lógico sin permitir que estas contradicciones conduzcan a la trivialidad tal y como sucede en la lógica clásica. En un sistema lógico clásico, la presencia de una contradicción puede llevar a que cualquier proposición sea verdadera, lo que se conoce como el principio de explosión o tercero excluido. En cambio, la lógica paraconsistente busca manejar las contradicciones de manera coherente y evitar que todo el sistema sea trivializado por la presencia de una contradicción. Esto se ha utilizado en algunos contextos de IA para manejar con solvencia la incertidumbre y la información contradictoria.

3.1.2.7 Lógica Intuicionista

Por su parte, la lógica intuicionista es otra forma de lógica no clásica, propuesta por el matemático ruso Andréi Kolmogórov y el filósofo y lógico holandés Arend Heyting. La lógica intuicionista no acepta el principio del tercero excluido y el principio de doble negación, lo que significa que no toda proposición se considera ni verdadera ni falsa. En el contexto de la IA, la lógica intuicionista no se ha utilizado tan ampliamente como otras formas de lógica. Sin embargo, algunos investigadores han explorado su aplicación en la representación del conocimiento y el razonamiento, especialmente en situaciones donde la incertidumbre y la evidencia constructiva son fundamentales. [61]

3.1.2.8 Lógica no Monótona

Como ya indicamos con anterioridad, a diferencia de la lógica clásica, la lógica no monótona permite que las conclusiones previas sean revisadas o modificadas a medida que se introduce nueva información en el sistema. Esto implica que la adición de nuevas premisas no necesariamente conduce a una expansión continua de conclusiones, por lo que estas pueden ser retractadas o revisadas en función de la información adicional. Esta forma de lógica es particularmente útil en situaciones en las que la información es incompleta o sujeta a cambios, y refleja mejor el razonamiento humano en contextos dinámicos. La lógica no monótona se ha aplicado en IA, representando el conocimiento y razonando en escenarios donde las premisas pueden ser actualizadas o modificadas con el tiempo.

Como variantes de lógicas no monótonas, hemos de citar la *lógica defeasible* en la que las reglas o inferencias pueden ser derrotadas por evidencia en contrario, es decir, una conclusión que se haya alcanzado puede ser anulada si se presenta evidencia que la contradice. También la *lógica modal no monótona* en la que se combinan elementos de la lógica modal con la idea de no monotonía, con cual las modalidades pueden ser revisadas a medida que se agrega nueva información. No hemos de olvidarnos de la *lógica de predicados no monótona*, la cual extiende la lógica no monótona a través de la lógica de predicados, permitiendo la revisión de afirmaciones basadas en cambios en el conocimiento.

3.1.2.9   Lógica Cuántica

La lógica cuántica es una rama de la lógica que se ocupa de la aplicación de principios cuánticos a la teoría de la información y la computación cuántica. A diferencia de la lógica clásica, que se basa en principios binarios de verdadero o falso, la lógica cuántica trabaja con superposiciones y entrelazamientos, que son conceptos fundamentales en la mecánica cuántica. Por lo tanto, en lugar de bits clásicos que pueden estar en un estado de 0 o 1, la lógica cuántica utiliza cúbit. Un cúbit (del inglés quantum bit o qubit), solo puede ser descrito correctamente mediante la mecánica cuántica y puede existir en una superposición de estados de 0 y 1 simultáneamente, lo que permite una mayor capacidad de representación de información. Esto es debido a que los cúbits pueden existir en superposición, lo que significa que pueden representar múltiples estados al mismo tiempo, proporcionando así una capacidad de procesamiento paralelo en la lógica cuántica. El entrelazamiento cuántico permite que dos cúbits estén correlacionados de manera que el estado de uno de ellos está intrínsecamente relacionado con el estado del otro. Cambiando el estado de uno de ellos automáticamente afecta al estado del otro, incluso si están separados por distancias significativas.

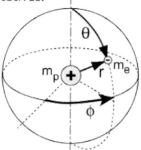

En lugar de compuertas lógicas clásicas, en la lógica cuántica se hace uso de compuertas cuánticas para realizar operaciones. Estas compuertas aprovechan los principios cuánticos y permiten la creación de circuitos cuánticos. La compuerta X es análoga a la compuerta NOT clásica y realiza la negación de un cúbit. Si el cúbit estaba en el estado |0⟩, después de aplicar la compuerta X estará en el estado |1⟩, y viceversa (vemos que los estados 0 y 1 también tienen una nomenclatura diferente en su forma de representación). La compuerta Z realiza una rotación de fase de π alrededor del eje Z del espacio de Bloch utiliza para representar el cúbit, no afectando el estado |0⟩, pero introduciendo un signo negativo en el estado |1⟩. La compuerta Hadamard realiza una transformación que coloca al cúbit en una superposición de |0⟩ y |1⟩ con igual probabilidad. Esta es fundamental para la creación de superposiciones y se utiliza en muchos algoritmos cuánticos, como el algoritmo de Grover. Además de X y Z, existe la compuerta Y de Pauli. Estas compuertas son operadores de Pauli que realizan rotaciones alrededor de los ejes X, Y y Z del espacio de Bloch, respectivamente, habiendo también compuertas de rotación que realizan rotaciones en los ejes X, Y y Z del espacio de Bloch, permitiendo ajustar los ángulos de rotación y permitiendo por tanto manipular cúbits de manera precisa. [62]

3.2 Heurística

La heurística es el conjunto de estrategias o técnicas simplificadas y aproximadas, utilizadas para abordar problemas complejos. Estas estrategias buscan encontrar soluciones prácticas y eficientes, aunque no necesariamente óptimas. En muchos casos, encontrar la solución óptima a un problema puede ser computacionalmente costoso o incluso impracticable. Las heurísticas permiten llegar a soluciones aceptables en un tiempo razonable, simplificando problemas complejos y dividiéndolos en partes más manejables enfocándose en aspectos clave. Esto ayuda a reducir la complejidad del problema y a encontrar soluciones más rápidas, basándose a menudo en reglas generales o experiencias pasadas en lugar de seguir algoritmos precisos, meticulosos y complejos. Las diferentes técnicas heurísticas que a continuación repasaremos se utilizan mediante hibridación en unión con otras, para formar sistemas de IA eficientes.

3.2.1 Heuristic Search (HS)

La búsqueda heurística es comúnmente aplicada en problemas de optimización y en situaciones donde el espacio de búsqueda es grande y examinar de manera exhaustiva todas las opciones sería computacionalmente costoso. Para ello, por ejemplo, utiliza una función de coste que combina el tradicional costo real de llegar a un nodo en un árbol de búsqueda, con una estimación heurística del costo restante hasta el objetivo, seleccionando a continuación el nodo que parece ser el más prometedor según una función de evaluación. La búsqueda heurística como herramienta de resolución de problemas se demuestra de gran utilidad, en aplicaciones que implican la satisfacción de restricciones y aprendizaje automático [63]. Claude Shannon en su libro "*Programming a Computer for Playing Chess*" propuso limitar la profundidad de la búsqueda en el árbol de posibilidades en el ajedrez, y determinar su valor mediante una función heurística.

HS es una familia de algoritmos de búsqueda informada que combina la búsqueda de costo uniforme con la búsqueda heurística, siendo especialmente eficiente en la búsqueda de rutas en grafos o mapas. Ejemplo de uno de ellos es el algoritmo A*, de Peter Hart, Nils Nilsson, y Bertram Raphael. Su capacidad para utilizar una heurística admisible permite explorar primero las áreas más prometedoras del espacio de búsqueda, minimizando el número total de nodos evaluados y mejorando la velocidad de búsqueda. A* requiere el uso de una heurística admisible, es decir, una función heurística que nunca sobreestima el costo real para llegar al objetivo. Esta propiedad garantiza que A* siempre encuentre la solución óptima y, por lo tanto, es una herramienta confiable para problemas de búsqueda, por lo que es comúnmente utilizado para planificar movimientos y rutas para robots móviles. La capacidad del algoritmo para tener en cuenta el costo del camino y la heurística admisible es determinante en entornos dinámicos y desconocidos. Sistemas de mapas en línea, como Google Maps, utilizan variantes de A* para calcular rutas óptimas entre dos ubicaciones, siendo la eficiencia de un algoritmo HS crucial para proporcionar respuestas rápidas y precisas en tiempo real dentro de entornos dinámicos.

3.2.2 Rule Based Learning (RBL)

A diferencia de otros enfoques más complejos que pueden aprender patrones más abstractos o no lineales, el aprendizaje basado en reglas aprende a través de la identificación y aplicación de reglas específicas. Este enfoque se centra por lo tanto en la extracción y utilización directa de reglas lógicas o condicionales, las cuales pueden ser explícitas mediante la descripción de patrones o relaciones internas en los datos del tipo condicional.

Este enfoque se ha venido utilizando en diversas aplicaciones, como sistemas de recomendación, diagnóstico médico, y toma de decisiones. Sin embargo, los sistemas basados en reglas pueden ser rígidos y no adaptarse bien a cambios en los datos o en el entorno si las reglas no se actualizan de manera regular, lo que hace que el sistema puede volverse obsoleto o ineficaz. Además, a cantidad de reglas necesarias puede volverse abrumadora conforme el sistema se expando, haciendo así que la gestión y el mantenimiento del creciente conjunto de reglas termine por ser complicado y propenso a errores. Además, los sistemas basados en RBL no con capaces representar ciertos tipos de conocimiento, especialmente aquellos que son difusos o subjetivos.

Los sistemas basados en reglas generalmente carecen de capacidad de aprendizaje automático. No pueden adaptarse y mejorar con el tiempo en función de la experiencia y nuevos datos, y a menos que se actualicen manualmente con mucha pericia, acaban siendo un intratable listado de código repleto de condicionales. Ejemplos de estos sistemas los encontramos en *Dendral*, desarrollado en la década de 1960 en el laboratorio de IA del Stanford Research Institute, para la interpretación de espectros de masas en la identificación de ciertos compuestos químicos. También, MYCIN desarrollado en la Universidad de Stanford a principios de la década de 1970 para el diagnóstico de enfermedades de la sangre.

La IA moderna, especialmente en su enfoque de aprendizaje profundo, implica mucho más que una serie de reglas. Actualmente en lugar de depender exclusivamente de la RBL, los modelos de aprendizaje profundo pueden aprender patrones complejos a partir de grandes cantidades de datos, generalizando y realizando tareas sin depender de reglas de programación detalladas.

3.2.3 Genetic Programming (GP)

La programación genética es una técnica que permite que los programas resuelvan una tarea mediante su reproducción, es decir, se crean nuevos programas de manera automática con un fuerte grado de aleatoriedad, pero partiendo de una semilla común, para finalmente de toda la variedad de variantes generadas, seleccionar los más aptos entre millones de generaciones. Fue John Koza el que en la década de 1990 desarrolló esta técnica como una extensión de la programación evolutiva. La idea principal era aplicar principios evolutivos, como la selección natural y la reproducción, para generar automáticamente los programas deseados [64].

En la programación genética, los programas informáticos se representan como estructuras de árboles. Los nodos del árbol representan funciones u operadores, y las hojas representan constantes o variables. Se generan así inicialmente programas aleatorios y, mediante la aplicación de operadores genéticos como la recombinación y la mutación, se producen generaciones sucesivas que van sufriendo mutaciones respecto a los originales.

3.3 Probabilística y Estadística

La estadística y la probabilidad son áreas relacionadas, pero con enfoques distintos. La probabilidad se centra en predecir la posibilidad de eventos futuros basándose en un modelo teórico. Es decir, parte de lo conocido para prever lo desconocido. La estadística, por otro lado, se ocupa de analizar y extraer conclusiones de datos ya observados para inferir propiedades de poblaciones más grandes. Así, mientras la probabilidad utiliza modelos para hacer predicciones, la estadística analiza datos reales para comprender patrones y tendencias.

Las técnicas probabilísticas permiten modelar la incertidumbre con un modelo matemático en variedad de campos, bien sea en ciencias económicas, sociología, física o IA. En muchos casos con los que nos enfrentamos, la información disponible cuando nos enfrentamos a problemas con técnicas de IA puede ser incompleta o estar plagada de ruido, en el sentido que Shannon lo definió [65]. Al incorporar modelos probabilísticos, los algoritmos de IA pueden asignar niveles de confianza a sus predicciones, lo que permite la toma de decisiones basada en información veraz. De esta forma, los algoritmos de aprendizaje automático que veremos se apoyan en métodos estadísticos y probabilísticos para aprender patrones a partir de datos. Como muestra, en el aprendizaje supervisado, se utilizan distribuciones de probabilidad para modelar la relación entre las entradas y las salidas

La estadística por su parte es fundamental para analizar y entender grandes volúmenes de datos. La estadística se basa en el diseño de estudios, recolección, análisis e interpretación de datos para la toma de decisiones y la inferencia de patrones. La correlación (medida que indica el grado de relación entre dos variables, mostrando cómo el cambio en una puede predecir el cambio en la otra) ayuda a identificar relaciones entre variables. Pero la estadística también incluye técnicas para la inferencia causal, pruebas de hipótesis, análisis de regresión, y mucho más, para entender la complejidad de los datos. Esto es porque la correlación por sí misma no determina causalidad (*cum hoc ergo propter hoc*), es decir, una variable puede no causar directamente cambios en otra. A este respecto, la correlación entre la apertura de heladerías y el aumento de ahogamientos es un ejemplo clásico. Ambos eventos tienden a ocurrir más frecuentemente en verano, lo que puede llevar a una correlación estadística.

Sin embargo, la apertura de heladerías no causa los ahogamientos. En este caso, el aumento de la temperatura durante el verano es un factor subyacente que influye en ambos fenómenos: más gente visita heladerías y también más gente participa en actividades acuáticas, aumentando así el riesgo y número de ahogamientos.

3.3.1 Procesos Gaussianos (PG)

Los procesos estocásticos Gaussianos, se basan en la teoría de probabilidad. Su desarrollo inicial se remonta al trabajo de Norbert Wiener en la década de 1930 [21], pero su adopción en el 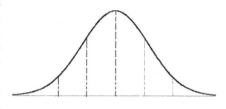 contexto de la IA y el aprendizaje automático ha tenido mayor impacto en las últimas décadas. En IA los PG se utilizan para modelar distribuciones de funciones, de forma y manera que, en lugar de proporcionar una única predicción puntual, un PG modela la distribución completa de funciones posibles que son coherentes con los datos observados. Esto ofrece gran flexibilidad en la modelización de funciones, por lo que los hace adecuados para situaciones en las que la relación entre las variables es compleja y no se conoce de antemano, proporcionando una medida natural de la incertidumbre asociada con las predicciones. Con ello, cada predicción está asociada con una distribución de probabilidad, lo que permite cuantificar de manera precisa el modelo.

Los PG se utilizan en el aprendizaje automático (ML) para seleccionar de manera dinámica las muestras que se deben etiquetar, maximizando la información obtenida y minimizando la necesidad de etiquetas costosas en términos computacionales. Además, en robótica y control de procesos, los PG se emplean para modelar y predecir trayectorias, así como para adaptarse a cambios en el entorno de manera probabilística, brindando una herramienta flexible para modelar relaciones complejas y manejar la incertidumbre. Su aplicabilidad se extiende por tanto, a una amplia variedad de campos, desde la predicción hasta la optimización y el aprendizaje activo [40].

3.3.2 Cadenas de Markov Monte Carlo (MCMC)

Andréi Márkov, un matemático ruso, introdujo el concepto de *Cadenas de Markov* (MC por sus siglas en inglés) y probó propiedades fundamentales relacionadas con ellas. Los fundamentos teóricos de estas MC se establecieron en la década de 1950, siendo este un modelo matemático que describe una secuencia de eventos donde la probabilidad de pasar de un estado a otro depende únicamente del estado actual y no de cómo se llegó a ese estado. En otras palabras, el futuro solo depende del presente y no de la historia pasada.

En paralelo, desde la década de 1940, el *Método Monte Carlo* (MCM por sus siglas en inglés) se había venido desarrollando para simular sistemas físicos y problemas matemáticos complejos. Stanislaw Ulam y Nicholas Metropolis fueron pioneros en este enfoque utilizado en el Laboratorio Nacional de Los Álamos, para estimaciones en el campo de la investigación en fisión nuclear. El MMC utilizar muestreo aleatorio para obtener soluciones numéricas a problemas que pueden ser deterministas en principio. La combinación de estos dos conceptos da lugar a las MCMC, que son un conjunto de algoritmos para realizar muestreo en problemas complejos.

Las MCMC son una técnica estadística implementada mediante computación, que genera muestras de distribución de una probabilidad usando una cadena de Markov, y que se utiliza en una amplia variedad de campos entre los que se encuentra la IA. Se basa es secuencias de estados, donde cada estado depende únicamente del estado anterior, y se utilizan para simular procesos estocásticos. Un proceso estocástico es un fenómeno o sistema que evoluciona aleatoriamente en el tiempo, donde las futuras condiciones o estados no pueden predecirse con certeza, sino que se describen mediante probabilidades de que ocurran. En lugar de seguir un patrón determinista, un proceso estocástico exhibe variabilidad debido a la influencia de factores aleatorios, lo que permite generar sistemas que evolucionan y se adaptan.

3.3.3 Modelado Gráfico Probabilístico

El Modelado Gráfico Probabilístico (PGM), es un enfoque para representar y computar distribuciones probabilísticas en sistemas complejos que hace uso de grafos. Los PGMs capturan la estructura de dependencia entre variables aleatorias y proporcionan un marco intuitivo y visual para modelar y razonar sobre la incertidumbre en datos y conocimientos. Hay dos tipos principales de Modelos Gráficos Probabilísticos: Redes Bayesianas y Campos Aleatorios de Markov.

3.3.3.1 Redes Bayesianas

Las redes bayesianas ofrecen un marco probabilístico para modelar y manejar la incertidumbre en situaciones complejas dentro de los desarrollos de IA. Estas redes, representadas mediante grafos que ilustran las relaciones probabilísticas entre variables, empleándose en diversas aplicaciones de la IA. Thomas Bayes desarrolla el teorema que lleva su nombre, estableciendo la relación entre la probabilidad condicional y las probabilidades marginales. Sin embargo, su trabajo fue publicado póstumamente en la década de 1760. Los matemáticos Pierre-Simon Laplace y Andréi Markov, entre otros, contribuyen al desarrollo de las leyes fundamentales de la probabilidad, sentando las bases para el formalismo matemático que subyace en las redes bayesianas.

Cada nodo en la red representa una variable aleatoria, y cada variable puede ser discreta o continua, dependiendo del dominio del problema con el que estemos trabajando. Los nodos están conectados por arcos dirigidos que representan las relaciones de dependencia condicional entre las variables. Un arco de 'A' a 'B' indica que la variable 'B' depende de la variable 'A'. Cada nodo tiene asociada una tabla de probabilidades condicionales (TPC) que describe la probabilidad de que la variable del nodo tome cada uno de sus posibles valores dados los valores de sus nodos padres. En el caso de un nodo sin nodos padres, la TPC simplemente describe la probabilidad marginal de la variable. Dada una configuración específica de valores para algunas variables en la red, se puede calcular la probabilidad conjunta de todas las variables en el modelo utilizando las TPC. Esto se hace multiplicando las probabilidades condicionales relevantes según la estructura de la red.

Una de las principales aplicaciones de las redes bayesianas es la inferencia. Puedes hacer preguntas sobre variables específicas dadas observaciones en otras variables, utilizando el teorema de Bayes para actualizar las probabilidades a medida que se obtienen nuevas evidencias. Así, en el procesamiento de lenguaje natural (PLN), las redes bayesianas se han utilizado para modelar la probabilidad de secuencias de palabras, hacer corrección ortográfica, y realizar tareas de clasificación de texto. Además, las redes bayesianas también se utilizan como parte de enfoques de aprendizaje automático probabilístico para modelar la incertidumbre en los datos y mejorar la generalización del modelo [8].

3.3.3.2   Campos Aleatorios de Markov (MRF)

Los MRF son un tipo de modelo gráfico no dirigido y probabilísticos, que se utilizan para representar distribuciones conjuntas sobre un conjunto de variables. Los MRF no están necesariamente asociados con datos secuenciales ni con estados ocultos, y se utilizan para modelar dependencias entre variables en sistemas distribuidos, como son los pertenecientes a lo relacionado con la visión por computadora. En estos problemas en los que prima el reconocimiento de patrones y visión por computadora, los MRFs son comúnmente utilizados para modelar la relación espacial entre píxeles en imágenes, permitiendo así el reconocimiento y etiquetado de entidades dentro de una imagen.

Los MRF pueden representar relaciones de dependencia entre variables en una red no dirigida, ofreciendo flexibilidad en la representación de la estructura de dependencia entre variables. Con esto se consigue modelar relaciones complejas y no lineales, y la estructura del grafo subyacente puede adaptarse a la naturaleza específica del problema. Por ello, los MRFs son utilizados en algoritmos de aprendizaje automático, donde se pueden aprender automáticamente las relaciones y parámetros del modelo a partir de datos observados, en situaciones donde la estructura de dependencia no es conocida de antemano. [8]

3.3.3.3   Modelos Ocultos de Markov (HMM)

Los Modelos Ocultos de Markov (HMM, por sus siglas en inglés) son modelos gráficos probabilísticos secuenciales que se utilizan para modelar sistemas dinámicos en los cuales se asume la existencia de un conjunto de estados ocultos. Un HMM consta de varios componentes clave: un conjunto de estados ocultos, una matriz de transición que describe las probabilidades de cambiar de un estado a otro, y una matriz de emisión que describe las probabilidades de observar ciertos datos desde un estado particular. Ambas matrices pueden ser incompletas, reflejando que no todas las transiciones y observaciones son igualmente probables.

El objetivo principal al utilizar un HMM es inferir los estados ocultos a partir de las observaciones disponibles. Esto implica dos tareas fundamentales: la inferencia de los estados ocultos y el aprendizaje de los parámetros del modelo. La inferencia de estados ocultos consiste en determinar la secuencia más probable de estos estados dados los datos observados. Por otro lado, el aprendizaje de los parámetros del modelo implica estimar las probabilidades de transición y emisión a partir de un conjunto de datos observados.

Los HMM se utilizan comúnmente en aplicaciones de procesamiento de señales y reconocimiento de patrones debido a su capacidad para modelar secuencias temporales. En el reconocimiento de voz, los HMM modelan las secuencias de sonidos que componen palabras y frases, permitiendo el reconocimiento de la voz hablada. En el procesamiento del lenguaje natural, los HMM pueden etiquetar partes del discurso en una oración, identificar entidades nombradas y realizar otras tareas de secuenciación.

Además, los HMM son la base para construir Inteligencias Artificiales generativas. Estas IAs pueden utilizar modelos entrenados en conjuntos de datos limitados para generar nuevos datos que complementen o amplíen los existentes. Por ejemplo, en el ámbito de la música, un HMM puede ser entrenado con melodías existentes y luego utilizado para generar nuevas melodías que sigan patrones similares. En la bioinformática, pueden predecir secuencias genéticas a partir de fragmentos observados. [8].

3.4 Arboles de búsqueda

Los programas de IA con frecuencia han de evaluar grandes cantidades de posibles opciones a elegir, como la infinidad de movimientos en un juego de ajedrez, o la ingente cantidad de inferencias realizadas por un programa de demostración de teoremas hasta llegar a una que le conduzca a una solución. Esta evaluación, ha de tener en cuenta también que a medida que se desarrolla la investigación, se encuentran nuevas formas de mejorar la eficiencia en la realización de estas búsquedas en diferentes áreas o campos de aplicación, por lo que los programas han de evolucionar. Así, de entrada, cuando un programa realiza observaciones de algún tipo, a menudo se prevé ha de comparar lo que observa con un patrón preestablecido. Por ejemplo, un programa de visión puede intentar coincidir con un patrón de ojos y una nariz en una

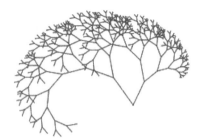

escena para encontrar un rostro en ella. También esto se aplica al estudio de patrones más complejos, como lo que pueden encontrarse en un texto en lenguaje natural, en una posición de ajedrez o en el histórico de algún evento que se repite con cierta frecuencia.

Un árbol de búsqueda es una estructura de datos utilizada en computación en su variante binaria desde la década de 1960, en la se utilizaba para almacenar datos etiquetados en cintas magnéticas. Con un árbol de búsqueda representamos conjuntos finitos de posiciones o estados posibles y las transiciones entre ellos durante la solución a un problema. Esta estructura se utiliza en algoritmos especializados, como el algoritmo de búsqueda en profundidad (DFS), en amplitud (BFS), y A*, entre otros. En IA estos algoritmos y sus variantes se aplican ampliamente en problemas donde se trata de encontrar una solución óptima o una secuencia de acciones.

3.4.1 Monte Carlo Tree Search (MCTS)

Los MCTS son un tipo de algoritmos de búsqueda y toma de decisiones que se utiliza especialmente en juegos y problemas que implican secuencialidad. Fueron diseñados para abordar problemas complejos y de gran espacio de búsqueda, donde la exploración sistemática de todas las opciones no es práctica debido al elevado gasto computacional que conllevaría hacerlo, en términos de tiempo de procesamiento e incluso consumos energéticos.

Los trabajos que llevaron al desarrollo de MCTS se centraron inicialmente en un método capaz de plantear con éxito la estrategia computacional adecuada para el juego de Go. Este juego al desarrollarse en un amplio tablero presenta un gran espacio de búsqueda, lo que lo hace ser todo un desafío para los enfoques convencionales de búsqueda. La comunidad de investigadores comenzó a explorar métodos basados en simulación para abordar este problema. De esta forma, MCTS comenzó a ganar popularidad con la publicación de un artículo clave titulado "*The Monte-Carlo REvolution in Go*" en 2006 por parte de Rémi Coulom. Aquí se expone el método concreto para aplicar la idea de Monte Carlo al juego de Go, con lo que MCTS demostró ser eficaz para abordar problemas de alta complejidad y gran espacio de búsqueda. A partir de entonces, MCTS se aplicó con éxito en una variedad de juegos de tablero, como el ajedrez y el póker, así como en juegos de estrategia en tiempo real. En paralelo, demostró su capacidad para manejar la incertidumbre y explorar de manera eficiente las posibles acciones en un amplio abanico de situaciones, lo que hizo atractivo para aplicaciones más allá de la teoría de juegos.

El algoritmo MCTS utiliza simulaciones estocásticas para explorar y evaluar posibles acciones en un espacio de búsqueda. Selecciona un nodo del árbol existente, generalmente utilizando un criterio de selección basado en la ecuación Upper Confidence Bound (UCB). Entonces expande el nodo seleccionado generando posibles acciones y agregando nodos hijos al árbol, para a continuación realizar simulaciones o "*rollouts*" desde el nodo expandido hasta el final del juego o un estado terminal, utilizando una política de juego aleatoria. De esta forma, actualiza la información en los nodos seleccionados y expandidos en función de los resultados de las simulaciones, para pasar a equilibrar resultados visitando nodos menos explorados, y seleccionando nodos con buen rendimiento actual, hasta dar con la solución óptima [66].

3.4.2 Support Vector Machine (SVM)

La base del funcionamiento de los SVM parte de los trabajos de Vladimir Vapnik y Alexey Chervonenkis a principios de la década de 1960. Ambos investigaron en el *Instituto de Mecánica de Precisión e Ingeniería de la Computación de Moscú* (ITM TC) y propusieron el principio de aprendizaje estructural, que sirvió como fundamento para el desarrollo posterior de las SVM. Este principio establece los fundamentos teóricos para el diseño de algoritmos de aprendizaje y la evaluación de su capacidad para generalizar a partir de conjuntos finitos de datos. El principio establece que, para que un conjunto de datos sea clasificable, debe existir una correspondencia funcional entre los elementos del conjunto de datos y sus etiquetas de clasificación asociadas. Esto implica que debe haber una estructura subyacente que los algoritmos de aprendizaje puedan aprender y generalizar.

El conjunto de algoritmos de aprendizaje supervisado SV es utilizado tanto para problemas de clasificación, como para problemas de regresión. Llevando su funcionamiento al terreno algebraico, su objetivo principal es encontrar un hiperplano en un espacio n-dimensional, donde n es el número de características, que mejor separe los puntos de datos en distintas clases. SVM es efectivo en espacios de alta dimensión y es utilizado en una variedad de aplicaciones, como reconocimiento de imágenes, clasificación de texto, simulaciones en biología computacional y más. Su capacidad para trabajar con datos no lineales y las posibilidades que ofrece para generalizar hacen que las SVM sean populares en el ámbito del aprendizaje automático.

SVM ganó popularidad rápidamente debido a su capacidad para manejar problemas complejos de clasificación del tipo con los que la IA ha de enfrentarse de continuo, aplicándose con éxito en campos como reconocimiento de escritura, reconocimiento de rostros y bioinformática, además de en minería de datos y análisis de sentimientos, clasificando textos según la polaridad, determinando si un texto es positivo, negativo o neutro.

3.4.3 Filtros de Kalman

Rudolf Kalman, un matemático e ingeniero húngaro-estadounidense, comenzó a trabajar en la teoría de control en la década de 1950. Su interés en el problema de la estimación de sistemas dinámicos lo llevó a desarrollar el algoritmo que se conocería como el Filtro de Kalman. En 1960, Kalman publicó su artículo "*A New Approach to Linear Filtering and Prediction Problems*", que describía el algoritmo del Filtro de Kalman. Este trabajo proporcionó una solución elegante y eficiente para el problema de estimación de estado en sistemas dinámicos sujetos a ruido. La simplicidad y eficacia del del algoritmo planteado le llevo a su rápida adopción en una variedad de disciplinas, incluyendo la ingeniería de control, la navegación, la robótica, la geofísica y más. Adicionalmente, a lo largo de los años se han realizado diversos desarrollos y extensiones del Filtro de Kalman para adaptarse a diferentes tipos de sistemas y problemas. Estas incluyen el Filtro de Kalman Extendido (EKF) para sistemas no lineales y el Filtro de Kalman de Partículas para sistemas altamente no lineales y no gaussianos.

Los Filtros de Kalman trabajan con sistemas dinámicos que pueden modelarse mediante ecuaciones de estado lineales. El modelo describe cómo el estado del sistema evoluciona con el tiempo, en el que las observaciones del sistema están relacionadas con el estado verdadero mediante un modelo de medición lineal. Sin embargo, dado que las observaciones están sujetas a ruido, se introduce incertidumbre en la estimación. Llegado este punto opera en dos pasos: predicción y actualización. En el paso de predicción, se utiliza el modelo de estado dinámico para prever el estado futuro del sistema. En el paso de actualización, se incorporan las observaciones reales para ajustar la estimación del estado, minimizando el error cuadrático medio en la estimación del estado mediante el uso de la llamada ganancia de Kalman. Esta ganancia pondera la diferencia entre la predicción del estado y la medición actual, proporcionando estimaciones óptimas en el sentido de mínimos cuadrados para sistemas lineales y gaussianos.

3.5 Algoritmos Evolutivos

Algoritmos evolutivos (AE) son un conjunto de métodos de optimización y búsqueda de carácter general, basados en principios inspirados en la evolución biológica. Los primeros indicios de algoritmos evolutivos se encuentran en la década de 1950, cuando se aplicaron conceptos de selección natural en algoritmos para jugar juegos de estrategia. Sin embargo, estos primeros intentos no eran verdaderos algoritmos evolutivos. El término «algoritmo genético» fue introducido por John Holland en la década de 1960. Holland desarrolló la idea de utilizar operadores genéticos como la selección, la recombinación y la mutación para evolucionar soluciones a problemas de optimización. Más adelante, en la década de 1970, Holland y otros investigadores desarrollaron la teoría subyacente a los algoritmos evolutivos, estableciendo fundamentos matemáticos y analizando propiedades de convergencia. Desde ese momento comenzaron a utilizarse en una amplia variedad de campos, incluyendo optimización de funciones, aprendizaje automático y diseño de sistemas. En la década de 1990, se introdujeron otras variantes de algoritmos evolutivos, que incorporaban Estrategias Evolutivas (ES) y Programación Genética (GP), con lo que se amplió la gama de problemas que los algoritmos evolutivos pueden abordar.

En los algoritmos evolutivos, las soluciones al problema se representan mediante un codificado de tipo genético, que en la práctica puede ser una cadena de bits, una estructura de árbol, o cualquier otra representación adecuada. Se aplican entonces operadores genéticos, como la selección, la recombinación (crossover) y la mutación, inspirados todo ellos en procesos biológicos que se dan en la naturaleza, para generar gracias a estos operadores nuevas soluciones a partir de las existentes. Cada solución obtenida se evalúa mediante una función de aptitud que mide lo adecuado de la solución en términos de optimización del problema. Con ello, la aptitud resultante guía el proceso evolutivo, favoreciendo soluciones más aptas, organizando como parte del proceso los resultados en poblaciones, y repitiendo el proceso evolutivo en generaciones sucesivas. En cada generación, las soluciones menos aptas son reemplazadas por nuevas soluciones generadas mediante operadores genéticos. Así, la variación genética, combinada con la selección basada en aptitud, permite que el algoritmo explore el espacio de búsqueda de soluciones de manera eficiente, equilibrando la exploración y la explotación. Además, algunos algoritmos evolutivos incorporan mecanismos de adaptación que ajustan parámetros durante la ejecución del algoritmo, mejorando su capacidad para abordar problemas complejos y dinámicos.

Ejemplos de algoritmos genéricos son el Algoritmo Genético Simple (SGA) que acabamos de esbozar, el Algoritmo Genético Elitista (EGA), Algoritmo Genético con Estrategia (GAS), el

Algoritmo Genético Multiobjetivo (MOGA), y el Algoritmo Genético con Programación Evolutiva (GAEP) [67].

3.6 Data mining (DM)

La minería de datos (DM), también conocida como *Knowledge Discovery in Databases* (KDD), combina técnicas estadísticas, de aprendizaje automático, de bases de datos (BBDD) y otras de IA para descubrir patrones y relaciones útiles en grandes conjuntos de datos[68]. En sus inicios, la DM estaba más centrada en la estadística y el análisis de datos en cuanto a tal, siendo la estadística exploratoria propuesta por John Tukey la que sentó las bases para su aplicación a la exploración de grandes BBDD y la identificación de patrones. Tukey introdujo varios términos estadísticos que hoy en día son de uso común, aunque el más popular de los términos que creó durante su carrera está relacionado con la informática. Tukey acuñó la palabra "*bit*" como una contracción de dígito binario (en inglés, *binary digit*), mientras colaboraba con John von Neumann en los primeros diseños de computadoras.

La DM actualmente se basa en conjuntos de datos, que pueden ser estructurados dentro de BBDD convencionales, u hojas de cálculo, y no estructurados como texto e imágenes en diferentes formatos de calidad diversa. Independientemente de su estructura, la calidad y la relevancia de los datos son condicionantes para obtener resultados precisos, por lo que antes de aplicar algoritmos de minería de datos, los datos suelen requerir de limpieza y transformación. Esto es lo que popularmente se conoce como «cocinar» los datos. Una vez cocinados, se utilizan una gran variedad de algoritmos para clasificarlos y descubrir patrones, como árboles de decisión, regresión logística, k-means, redes neuronales y algoritmos de asociación. La elección del algoritmo dependerá del tipo de problema y de los datos disponibles. Tras esta fase, se pueden realizar diversas acciones y análisis dependiendo de los objetivos y la naturaleza del problema. Se puede utilizar el modelo de clasificación para predecir las clases de nuevas instancias de datos, lo cual es útil en situaciones en las que se desea hacer predicciones basadas en el conocimiento adquirido durante el entrenamiento. También se puede identificar segmentos o grupos de datos con características similares dentro de cada clase para comprender mejor las subpoblaciones y adaptar estrategias específicas para cada segmento. Además, entre otras opciones, se puede utilizar la información de clasificación para personalizar recomendaciones o sugerencias según las preferencias del usuario dentro de un sistema de recomendación.

El resultado ha de ser invariablemente la obtención de información relevante y significativa a partir de ese conjunto inicial de datos grandes y complejos, generando mediante este procedimiento conocimiento que puede traducirse en acciones o decisiones queja de ser específicas para mejorar procesos, tomar decisiones informadas o prever tendencias futuras. Es por esto por lo que existe una vinculación directa entre la minería de datos y la IA. Ambas ciencias comparten por separado el objetivo de obtener información ampliada partiendo de un conjunto de datos inicial, en base a los cuales se pueden tomar decisiones informadas. Aunque la DM se centra de forma especializada en la identificación de patrones, mientras que la IA busca desarrollar sistemas que puedan aprender y adaptarse.

3.7 Redes Neuronales Artificiales (RNA)

Las RNA son modelos computacionales inspirados la naturaleza, cuyo origen como ya vimos se remonta al artículo de 1943 *"A Logical Calculus of Ideas Immanent in Nervous Activity"* de Warren McCullough y Walter Pitts. Cada neurona artificial modela una neurona biológica, y las conexiones entre ellas simulan sinapsis, basándose en el conocimiento que sobre los enlaces químicos y eléctricos tenemos del funcionamiento de las neuronas, tal cual el modelo de Perceptrón de Rosenblatt definió, y Minsky junto con Paperts impulsaron. El componente fundamental de una RNA es una neurona artificial.

Una neurona artificial puede formarse tanto mediante hardware especializado (NPUs) en sistemas diseñados para computación neuronal, como mediante emulación por software. En este segundo caso, se puede hacer uso de unidades de procesamiento gráfico (GPUs) que tienen una elevada capacidad de cálculo en paralelo, o directamente puede ejecutarse el software en la unidad de procesamiento central (CPU) de un ordenador personal convencional. La elección de método depende de la implementación específica, del contexto en el que se utilicen, de las necesidades computacionales marcadas por la complejidad del modelo, y de los recursos disponibles. Ejemplos de NPUs usadas en IA son la serie Intel Metor Lake, de GPUs las Tesla de NVIDIA, y de CPU cualquiera capaz de ejecutar Python.

En cualquiera de los casos una neurona artificial es un modelo matemático, que discretiza y emula el comportamiento de una neurona biológica, formada su cuerpo central (soma) que contiene el núcleo central, la prolongación de ese cuerpo central (axón), y la ramificación terminal (dentritas). A todo esto, hay que añadir tal y como descubrió nuestro premio nobel Santiago Ramón y Cajal, la conexión entre una neurona y otra (sinapsis).

El modelo matemático creado con por McCullough y Pitts, consta de:

- Entradas x e y
- Pesos sinápticos w_1 y w_2 para cada entrada
- Un término aditivo b
- Una función de activación f
- Una salida z

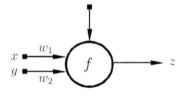

En este modelo matemático las entradas x e y son el estímulo que cada neurona artificial recibe de su entorno, siendo la salida z la respuesta de salida al estímulo de entrada. La neurona así conceptualizada se adapta al medio circundante y aprende de él, mediante la modificación del valor de sus pesos sinápticos denotados por $w1$ y $w2$, y su término aditivo llamado b. A estos tres últimos se le denomina parámetros libres del modelo, dado que pueden ser modificados y adaptados con el objetivo de acometer a un propósito específico. Siendo entonces la función de activación f

seleccionada conforme a la tarea realizada por la neurona, la salida z queda definida por:

$$z = f(w_1\, x + w_2\, y + b)$$

Con esta unidad básica, podemos realizar tareas de clasificación en el plano de clases separadas linealmente, aunque llegado este punto, para profundizar en el modelado matemático llevado a cabo a partir de esta pieza básica de construcción, el lector puede consultar cualquiera de las obras citadas al respecto en el apartado bibliografía de este prólogo orientativo [8].

Las RNA suelen trabajar de manera paralela, siendo esto especialmente reseñable en la estructura de las redes neuronales profundas, al estar diseñada para procesar grandes cantidades de datos de manera simultánea, y por diferentes capas. Es este paralelismo masivo lo que les dota a las RNA profundas de una serie de características clave, como es su capacidad de aprender de manera adaptativa tras realizar tareas basadas en un entrenamiento inicial, creando así una organización propia que representa la información que recibe. Además, gracias a poseer la información distribuida, el paralelismo dota de redundancia ante la destrucción parcial. Llegado el caso, algunas capacidades de la red se pueden retener, incluso sufriendo daños considerables. A esto hay que sumar que cuando nuevos datos llegan, el paralelismo es capaz de producir en tiempo real resultados coherentes de acuerdo con la naturaleza del problema para el cual han sido entrenadas.

En cuanto a tecnologías RNA, actualmente existen dispositivos específicos como los procesadores neuromórficos, que están diseñados exprofeso para imitar la operación de las neuronas y las sinapsis en hardware especializado. Estos dispositivos intentan replicar ciertos aspectos de la estructura y la función del cerebro. Lo que propone partiendo de aquí la computación neuromórfica, es imitar el comportamiento del sistema nervioso animal en general, y el del cerebro en particular. El chip neuromórfico

Loihi de Intel está fabricado con fotolitografía de 14 nm e incorpora 128 núcleos de procesamiento con más de 130.000 neuronas artificiales. Mediante este chip se articula el sistema neuromórfico Kapoho Board, que partiendo chips Loihi puede identificar gestos en tiempo real y leer braille. Esta placa ultracompacta de aproximadamente el tamaño de una tarjeta de crédito, cuenta con cuatro chips Loihi de segunda generación en su parte superior y otros cuatro en su parte inferior. Además, las placas pueden interconectarse creado lo que Intel llama un Kapoho Point, con el que se puede representar hasta un millón de neuronas y el equivalente a hasta mil millones de sinapsis neuronales[15].

Los dispositivos que se basan en la arquitectura euromórfica ofrecen la posibilidad de crear una interconexión entre los ámbitos artificial y biológico. Los científicos del Instituto Max Planck para la Investigación de polímeros se han acercado ahora a este objetivo creando neuronas artificiales que pueden operar directamente y en tiempo real en un entorno biológico[16]. Aunque hay que tener siempre en cuenta, que las señales biológicas están mucho más diversificadas que las binarias usadas por de las computadoras convencionales. Por ejemplo, las neuronas de una red neuronal biológica se comunican con iones, biomoléculas y neurotransmisores que les proporcionan interconexión química al emitirlos, además de mediante los impulsos eléctricos de potenciales de acción o picos. Esto lo sabemos a ciencia cierta e independientemente de la naturaleza del funcionamiento cuántico de la neurona y los sistemas neuronales de defendidos por Penrose [44], y Faggin [42] entre otros.

Aunque como hemos visto existe hardware especializado para trabajar con RNAs, la implementación más común de una neurona artificial con la que nos podemos encontrar está basada en simulación virtual. La simulación de una neurona artificial y en general de las RNA, como anteriormente citamos, se realiza comúnmente utilizando unidades de procesamiento gráfico especializadas debido a su capacidad para realizar operaciones en paralelo. Con este procesamiento

---

[15] https://www.intel.com/content/www/us/en/research/
[16] https://www.mpg.de/

paralelo se acelera significativamente los cálculos requeridos en las operaciones de RNA, como la suma ponderada de entradas y la aplicación de funciones de activación, que se pueden expresar de manera eficiente utilizando operaciones matriciales, para las que los procesares gráficos especializados tienen una potencia de cálculo especialmente optimizada.

Los frameworks de aprendizaje profundo, están diseñados para aprovechar estas características utilizando bibliotecas de software especializadas para facilitar la implementación y la simulación de RNAs haciendo uso de las unidades de procesamiento gráfico. *TensorFlow, PyTorch y cuDNN* (CUDA Deep Neural Network library) son ejemplos de bibliotecas que permiten la implementación eficiente de algoritmos de *Deep Learning* en hardware gráfico.

En el mundo actual, las RNA encuentran aplicaciones en diversas áreas, desde la visión por computadora y el procesamiento de lenguaje natural hasta la medicina, la conducción autónoma y mucho más, marcando un hito significativo en el campo de la IA y el aprendizaje automático. Enunciaremos a continuación una serie de tipos de RNA de las más comúnmente usadas, sin pretender con ellos realizar una taxonomía relacionada con sus características exhaustiva, ni enunciar con exactitud matemática todas ellas.

3.7.1 Feedforward Neural Network (FNN)

De entre las diferentes arquitecturas RNA existentes, las FNN, también conocidas como redes neuronales de alimentación directa, están optimizadas para procesar información en una dirección, es decir, desde la capa de entrada hasta la capa de salida y sin ciclos o retroalimentación en la red. Aquí encontramos diseños basados en tanto en arquitectura monocapa como en multicapa.

Debido a que la información fluye en una sola dirección a través de las capas de la red, sin bucles ni conexiones que alimenten de nuevo las entradas a partir de las salidas, las FNN son efectivas en muchos casos, aunque puedan tener limitaciones en la captura de patrones complejos, especialmente cuando se trata de procesar conjuntos de datos grandes y no lineales. A pesar de esto, aunque en comparación con otras arquitecturas de redes neuronales más avanzadas, como las redes neuronales recurrentes (RNN) o las redes neuronales convolucionales (CNN), al ser las FNN como hemos recalcado más simples de implementar, se utilizan ampliamente en el campo del aprendizaje automático. Así, por ejemplo, sistemas de filtrado de correo electrónico que clasifican mensajes como *spam* utilizan frecuentemente FNN para aprender patrones de palabras y estructuras que indican si un mensaje es probable que sea no deseado [69].

3.7.2 Recurrent Neural Network (RNN)

Las redes neuronales recurrentes (RNN) tienen conexiones de retroalimentación que les permiten mantener y utilizar información de entradas anteriores en su procesamiento. Las RNN se diseñan con el objetivo de manejar datos secuenciales o de series temporales, lo que las diferencias de las redes neuronales *feedforward* tradicionales, que como vimos tienen conexiones unidireccionales y no tienen memoria de estados anteriores. Por lo tanto en una RNN, las neuronas no solo procesan la entrada actual, sino que también tienen una memoria interna que almacena información sobre lo que han visto anteriormente en la secuencia, siendo esta capacidad para recordar y contextualizar la información pasada la que hace que las RNN sean especialmente útiles para tareas que involucran secuencias temporales, como el procesamiento del lenguaje natural, la traducción automática, la generación de texto, y el reconocimiento de voz entre otros.

La estructura básica de una RNN implica la repetición de módulos de red para cada paso en la secuencia temporal. Cada módulo tiene conexiones hacia adelante y hacia atrás, permitiendo que la información fluya tanto de las entradas actuales como de la información almacenada en el estado oculto de la red. Esto implica ciertas limitaciones, como la dificultad para manejar gradientes en problemas a largo plazo, el llamado problema de desvanecimiento de gradientes. Para abordar estas limitaciones, han surgido variantes más avanzadas de RNN, como las Long Short-Term Memory (LSTM), que han demostrado ser más efectivas para manejar dependencias temporales lejanas [69].

3.7.3 Long Short-Term Memory networks (LSTM)

Las LSTM son una variante de las RNN diseñadas para abordar el problema con el desvanecimiento de gradientes y mejorar la capacidad de aprender dependencias temporales a largo plazo. El problema se convierte en una limitación que puede surgir durante el entrenamiento de redes neuronales, especialmente en los modelos de redes neuronales de tipo recurrente (RNN). En estas hay una tendencia de los gradientes que se utilizan para ajustar los pesos de la red durante el proceso de propagación hacia atrás, a volverse extremadamente pequeños a medida que se propagan a puntos de entrada anteriores a través de las capas de la red. Cuando pasa esto y los gradientes se vuelven muy pequeños, los pesos de las capas anteriores apenas se actualizan, lo que finalmente lleva a que esas capas no realicen el proceso aprendizaje de manera efectiva durante el entrenamiento.

La arquitectura LSTM introduce unidades de memoria especializadas que permiten almacenar y acceder a información durante largos períodos de tiempo. Incluyen además tres compuertas que regulan el flujo de información en la celda de memoria. La compuerta de olvido (*Forget Gate*) decide qué información almacenada en la celda de memoria debe ser olvidada o mantenida. La de entrada (*Input Gate*) determina qué nueva información debe agregarse a la celda de memoria. La de salida (*Output Gate*), filtra la información que se enviará como salida de la celda de memoria. Estas puertas son controladas por funciones de activación y pesos ajustables, las cuales se entrenan durante el proceso de retropropagación, potenciando de esta forma la capacidad de las LSTMs para controlar el flujo de información en la celda de memoria, y regulando por lo tanto el olvido y la adición de nueva información. Con todo ello se refuerza la resistencia del sistema ante el problema del desvanecimiento de gradientes en comparación con las RNN tradicionales.

Esta capacidad de las LSTMs para manejar dependencias a largo plazo las hace particularmente útiles en escenarios donde las relaciones temporales son críticas como la predicción meteorológica [69].

3.7.4 Convolutional Neural Networks (CNN)

Las CNN son un tipo de arquitectura de redes neuronales especialmente diseñadas para procesar y analizar datos de tipo malla, como la que se genera a partir de imágenes y videos. Estas redes son muy eficaces en tareas relacionadas con este tipo de datos, como la visión artificial, permitiendo la detección de objetos y la segmentación de las imágenes capturadas. También tienen capacidad para detectar y aprender patrones espaciales jerárquicos a partir de los datos de entrada, lo que las disocia de las redes neuronales tradicionales que son menos eficientes a la hora de procesar datos bidimensionales como imágenes.

las CNN incluyen las llamadas *capas convolucionales* que aplican filtros a las entradas, permitiendo detectar patrones locales, como bordes, texturas y formas, en diferentes partes de la imagen. Después de estos filtros, las capas de *"pooling"* reducen la dimensionalidad y el tamaño de la representación espacial, preservando las características más importantes, para finalmente incluir capas totalmente conectadas que combinan la información aprendida en las capas anteriores para realizar la tarea de clasificación.

Este tipo de RNA está siendo fundamental en el desarrollo de sistemas de conducción autónoma, utilizándose para identificar objetos en la carretera, como peatones, vehículos, señales de tráfico y obstáculos. Partiendo de esa identificación inicial como objeto diferenciado, se realiza una segmentación semántica mediante la que se asigna una etiqueta semántica a cada conjunto de píxeles conexos de una imagen. Con esto se comprende la estructura de la carretera y se clasifican diferentes áreas, como calzadas, aceras y carriles.

A partir de aquí, las capas de convolución de la CNN permiten reducir la dimensionalidad de las imágenes mientras se mantienen las características relevantes detectadas, limitando la cantidad de datos procesados e incidiendo de este modo en la eficiencia computacional del sistema.

La transferencia de aprendizaje es común en el desarrollo de modelos de conducción autónoma. En este caso, las CNN son entrenadas utilizando grandes conjuntos de datos que contienen imágenes de conducción real, lo que les permite aprender patrones y comportamiento en base a experiencias reales. Con este método, se pueden entrenar modelos en grandes conjuntos de datos generales de imágenes y luego ajustarlos a tareas específicas de conducción autónoma con conjuntos de datos más pequeños y específicos [69].

3.7.5 Deep Neural Network (DNN)

 Las Redes Neuronales Profundas (DNN) también conocidas como multicapa o *Multilayer Perceptron* (MLP), han experimentado un desarrollo significativo en las últimas décadas y han supuesto el génesis y fundamento del Deep Learning (DL). Estas redes neuronales constan de múltiples capas ocultas, lo que permite aprender representaciones jerárquicas de los datos. Las capas iniciales de una DNN tienden a aprender características simples, como bordes o texturas si se aplican al tratamiento de imágenes, mientras que las capas más profundas aprenden características más complejas y abstractas que son combinaciones de las características de capas anteriores. Cada capa aprende características más abstractas a medida que se profundiza en la red.

Hay aquí un problema con el ya mencionado desvanecimiento del gradiente que puede surgir durante el entrenamiento de las DNN. Esto ocurre de cuando los gradientes se vuelven extremadamente pequeños a medida que se retrocede a través de las capas de la red. Este problema afecta al proceso de propagación hacia atrás (*backpropagation*), que es en aprendizaje profundo se utiliza para entrenar las DNN. En el proceso de entrenamiento mediante *backpropagation*, se calcula el gradiente de la función de pérdida con respecto a los pesos de la red y se utiliza este gradiente para actualizar los pesos en la dirección que minimiza la pérdida, eludiendo así el problema. Sin embargo, hay dos problemas con el desvanecimiento del gradiente que el DL ha se saber manejar; cuando los gradientes disminuyen exponencialmente a medida que se retrocede a través de las capas de la red, y cuando los gradientes aumentan exponencialmente a medida que se retrocede a través de las capas. En el primer caso las capas cercanas a la entrada reciben actualizaciones más grandes, mientras que las capas más profundas reciben actualizaciones cada vez más pequeñas. En el segundo de los casos, la situación puede llevar a una explosión del gradiente, donde los pesos de las capas anteriores se actualizan de manera significativa, lo que puede hacer que el modelo diverja durante el entrenamiento, haciendo inviable su posterior puesta en explotación. Para abordar el problema del desvanecimiento del gradiente en el caso específico de las DNN, se han propuesto diversas técnicas, como el uso de funciones de activación no saturantes, la inicialización adecuada de pesos, o arquitecturas de red específicas como las redes LSTM y GRU en el contexto de redes recurrentes, junto con técnicas de normalización como por ejemplo, Batch Normalization [70].

Las aplicaciones de DNN son todas aquellas que tienen que ver con el aprendizaje profundo (*Deep Learning*), que como veremos más adelante, no es sino un tipo de aprendizaje automático (*Machine Learning*).

3.7.6 Redes Neuronales Asociativas

Pentti Haikonen propone en su libro *"Consciousness and Robot Sentience"* [35] un tipo de redes neuronales que denomina asociativa, que difieren de las redes neuronales artificiales tradicionales. Las RNA convencionales han sido el candidato principal como bloque de construcción básico de máquinas cognitivas y posiblemente conscientes. Sin embargo, las redes neuronales convencionales parecen ser más adecuadas para el reconocimiento de patrones, clasificación y ciertos tipos de memorias asociativas, y aún queda por verse si son adecuadas para máquinas cognitivas de carácter general en las que la asociación resulta fundamental. Se han propuesto soluciones para eludir estos problemas mediante la introducción poder asociativo potenciado en neuronas artificiales individuales convencionales, pero aún parece que falta algo. Para paliar esto, la neurona asociativa propuesta por Haikonen tiene líneas de entrada y salida de señales distintas, así como una serie de entradas asociativas, de excitación e inhibición. Las señales utilizadas por esta neurona están en forma de trenes de pulsos de amplitud constante con tasas de repetición de pulsos variables de forma que cada señal en sí misma tiene un significado único determinado por su origen. Además, es significado se mantiene cuando la señal se propaga a través de la neurona, y la neurona puede entonces asociar otras señales a esta señal y de esta manera pueden generarse conceptos. La representación de la información entonces aquí se basa en la teoría de que, en una máquina cognitiva real, las señales internas deben tener un significado único. Con ese propósito, la información se codifica mediante señales que pueden tener dos valores: activo y nulo. De esta forma cada señal obtiene su significado del estado de su origen, como por ejemplo un evento sensorial microscópico detectado, y la representación de la información total se forma mediante el patrón de señales activas. Estos patrones pueden luego manipularse de diversas maneras y utilizarse para controlar dispositivos de salida apropiados.

Una red neuronal no algorítmica, como la propuesta por Haikonen, puede no ser implementada utilizando neuronas artificiales convencionales, que dependen del uso explícito de cálculos y suelen ser emuladas mediante hardware digital convencional, aunque este pueda ser especializado. En su lugar, Haikonen propone una neurona física real cuya operación se basa en la asociación entre una señal principal y varias señales de entrada asociativas. Este enfoque permite que la neurona artificial asociativa tenga una diferenciación clara entre una entrada de señal principal, una salida de señal principal y una o más entradas asociativas. Esto contrasta con las neuronas artificiales convencionales, proporcionando una estructura más adecuada para ciertos tipos de procesamiento neural que buscan emular de manera más precisa el funcionamiento de las neuronas biológicas. [69].

3.8 Machine Learning (ML)

El aprendizaje automático (ML) se ocupa del desarrollo de algoritmos y modelos que permiten a las máquinas identificar patrones y realizar tareas sin ser programadas específicamente para ellas, lo que hoy en día es sinónimo de inteligencia artificial (IA). En lugar de seguir instrucciones programadas ad hoc que limitan sus funcionalidades, los  sistemas de aprendizaje automático utilizan datos para aprender y mejorar su rendimiento a medida que evolucionan.

Durante la fase de entrenamiento, el modelo de aprendizaje automático se expone a un conjunto de datos (*dataset*) que contiene ejemplos con las respuestas deseadas. El modelo ajusta sus parámetros internos para aprender patrones y relaciones dentro de estos datos. Una vez entrenado, el modelo de aprendizaje automático se constituye en una representación matemática del conocimiento adquirido, que puede ser utilizada para hacer predicciones o tomar decisiones sobre nuevos datos de entrada. Este enfoque permite que los sistemas de ML se adapten y mejoren con el tiempo, aumentando su eficacia en diversas aplicaciones. Desde el reconocimiento de voz y la clasificación de imágenes hasta las recomendaciones personalizadas y el diagnóstico médico, el aprendizaje automático ofrece soluciones avanzadas para una amplia variedad de problemas complejos, demostrando ser una herramienta con la que hemos de contar en la toma de decisiones.

El ML que hace uso entre otras tecnologías de las RNA, tiene aplicaciones en una amplia variedad de campos, como reconocimiento de voz, clasificación de imágenes, recomendaciones personalizadas, y diagnóstico médico entre otros. Su capacidad para adaptarse y mejorar con el tiempo hace que sea una herramienta de gran ayuda en la toma de decisiones y en la solución de problemas complejos [71].

3.8.1 Zero-shot, supervisado y no supervisado

En muchos casos el proceso de aprendizaje automatizado comienza por aportar datos al algoritmo para que pueda aprender. Estos datos pueden incluir textos, imágenes, sonidos y documentos en diversos formatos, según la función que deseamos que cumpla el modelo una vez entrenado. También influye en la elección de los datos la modalidad de aprendizaje, pudiendo incluso prescindir de los mismos. Este es el caso del planteamiento "*zero-shot learning*", mediante el cual se generaliza y aplican conocimientos aprendidos en un conjunto de datos a situaciones o categorías completamente nuevas, sin haber visto ejemplos específicos de esas situaciones. En este caso, prescindimos del aprendizaje mediante un *dataset* de entrenamiento inicial, sustituyéndolo por el uso de información auxiliar en forma de descripciones de clases o relaciones semánticas entre clases, con lo que se facilita la generalización a nuevas instancias sin tener datos concretos previos. Este enfoque tiene aplicaciones en diversas áreas, incluidas la clasificación de imágenes, el procesamiento del lenguaje natural y otras tareas, siendo el alcance de sus resultados acotado por la calidad de la información auxiliar suministrada inicialmente.

Si optamos por la fase previa de aprendizaje, en el aprendizaje supervisado todos los elementos utilizados que forman un *dataset* de datos están etiquetados, es decir, se informa mediante ese etiquetado al algoritmo sobre el contenido de lo que se le aporta. En el aprendizaje no supervisado, por el contrario, se entrena a la IA con datos con un *dataset* no etiquetado, porque lo que se busca es que el modelo detecte patrones ocultos por sí mismo antes de empezar a operar. La IA analiza el contenido del *dataset* en busca de datos relacionados entre sí y las posibles implicaciones de esas relaciones buscado patrones. Un ejemplo común de aprendizaje no supervisado se encuentra en grandes conjuntos de datos de perfiles sociales o de compras, y que pueden arrojar resultados sobre el potencial de compra de ciertos productos o el consumo de contenido específico.

Existe también la opción de un aprendizaje semi supervisado, en el que el modelo se alimenta con un conjunto de datos etiquetados, pero también analiza esos datos en busca de patrones basados en información no etiquetada. Este tipo de modelo combina aspectos de ambos enfoques, lo que en la práctica resulta más complejo de desarrollar y calibrar. [8]

En términos de similitudes, los distintos enfoques comparten el objetivo fundamental de extraer conocimiento de los datos, aprendiendo de los ejemplos proporcionados durante el entrenamiento en caso de llevarse a cabo, para así realizar tareas específicas, o bien aportando ese conocimiento de manera previa. Esto en la práctica es aplicar etiquetas en el caso del *zero-shot learning*, predecir etiquetas en el caso del aprendizaje supervisado, y descubrir estructuras subyacentes que permitan el etiquetado en el caso del aprendizaje no supervisado. Por ende, los distintos enfoques pueden aprovechar algoritmos y técnicas similares que ya hemos citado, como redes neuronales, árboles de decisión, y otras técnicas.

3.8.2 Reinforcement Learning (RL)

El aprendizaje por refuerzo parte de los trabajos sobre control automático de Wiener y la teoría de juegos formalizada a partir de los estudios de John von Neumann [72]. RL es una rama dentro del ML que se centra en cómo los sistemas que están aprendiendo deben tomar decisiones dentro del entorno en el que se desenvuelven para maximizar una señal de recompensa acumulativa que condiciona así su comportamiento. Uno de los primeros trabajos significativos al respecto fue el trabajo de Richard Bellman, quien formuló el principio de optimización conocido como la ecuación de Bellman. Esta se utiliza para expresar la relación entre el valor de un estado o una acción y los valores de estados o acciones futuros. La ecuación de Bellman es una herramienta clave para derivar algoritmos de aprendizaje por refuerzo. Hay dos formulaciones principales de la ecuación de Bellman: la ecuación de Bellman para la función de valor del estado y la ecuación de Bellman para la función de valor de la acción. Estas ecuaciones son fundamentales en el contexto de la programación dinámica y el aprendizaje por refuerzo, ya que proporcionan la base teórica para la estimación y optimización de las funciones de valor, que son esenciales para la toma de decisiones en entornos estocásticos [8]

El aprendizaje por refuerzo experimenta un resurgimiento significativo con la combinación de técnicas de aprendizaje profundo y algoritmos de refuerzo, conocido como aprendizaje profundo por refuerzo (DRL). Este aprendizaje por refuerzo se basa en varios conceptos fundamentales. El sistema que está aprendiendo, llamado agente, interactúa con su entorno y toma decisiones para maximizar la recompensa acumulativa. El estado representa la situación actual del entorno, y las acciones son las decisiones que puede tomar el agente. La recompensa es una señal numérica que el agente recibe del entorno después de realizar una acción en un estado particular. Esta recompensa recibida marca y se acumula en el objetivo del agente, el cual es maximizar la recompensa acumulativa a lo largo del tiempo. La política define la estrategia del agente, es decir, cómo elige las acciones en función de los estados para conseguir esa recompensa. Puede ser determinística o estocástica, es decir, en base a probabilidades. En este punto, la función de valor evalúa lo deseable de un estado o una acción, indicando la recompensa esperada desde ese estado siguiendo una política específica, lo que conlleva una predicción. Partiendo de esta base, el agente debe equilibrar la exploración de nuevas acciones para descubrir su impacto en las recompensas y la explotación de acciones conocidas para maximizar así las recompensas acumulativas lo que es en todo caso su objetivo final.

Estos agentes de los que hablamos en RL son entidades autónomas (software) que toman decisiones para maximizar la señal de recompensa. En un esquema de RL de manera inicial, se ha de identificar y definir el agente, el entorno y las acciones que el agente puede tomar, además de la señal de recompensa que el agente busca maximizar. A todo esto, se une la definición del conjunto de estados posibles del entorno representando situaciones o configuraciones, y cómo el entorno evoluciona de un estado a otro en respuesta a las acciones del agente, capturando en esta función de transición las dinámicas del sistema que permitan modelar el efecto de las acciones. Una vez realizadas las definiciones inciales, durante el proceso de aprendizaje el agente interactúa con el entorno, selecciona acciones en base si conocimiento acumulado, recibe recompensas y ajusta su política en consecuencia lo cual condicionará futuras acciones. Este proceso puede seguir diferentes algoritmos de RL, como Q-learning, SARSA y diferentes métodos basados en políticas estáticas, dinámicas o de combinación de ambas,

EL RL tiene aplicaciones en una variedad de campos, como robótica, control automático, finanzas y juegos. Por ejemplo, AlphaGo, desarrollado por DeepMind, utilizó técnicas de aprendizaje por refuerzo para superar a campeones humanos en el juego de Go. La implementación de AlphaGo combinó el uso de redes neuronales profundas, simulaciones de juego y algoritmos de búsqueda Monte Carlo Tree Search (MCTS). El proceso de entrenamiento de AlphaGo además involucró la autojugada, donde la IA generaba movimientos y jugaba consigo misma, y la retroalimentación de expertos humanos.

A medida que las técnicas propias de RL se combinan con técnicas de aprendizaje profundo (DL), los enfoques de aprendizaje por refuerzo continúan avanzando y enfrentando desafíos cada vez más complejos. Así, por ejemplo, a finales de 2020 DeepMind desarrolló AlphaFold, un sistema de RL capaz de resolver el problema del plegamiento de las proteínas, un reto que en biología llevaba pendiente de ser solucionado desde hace más de cincuenta años. Hasta ahora no existía técnica alguna para predecir de manera precisa la estructura tridimensional de una proteína a partir de la secuencia de aminoácidos. Sin embargo, gracias a AlphaFold ahora es posible lograr esto, lo que nos permite entender qué hace y cómo funciona una proteína, y permitiendo desarrollar nuevos medicamentos para el tratamiento de enfermedades o nuevas formas de diagnosticarlas.

Otro ejemplo que podemos aquí citar es el de Tesla, líder mundial en vehículos eléctricos cuando menos en cuando a expectativas se refiere. Tesla ha enfocado buena parte de sus recursos en el desarrollo de vehículos que hacen uso de una combinación entre RL y técnicas de visión artificial para conseguir así la conducción autónoma. Estos vehículos que poseen múltiples cámaras de video preprocesan las imágenes mediante técnicas de redes neuronales convolucionales, alimentando con el resultado a un agente de aprendizaje por refuerzo que aprende a determinar la profundidad o distancia de los obstáculos, la aceleración y la velocidad del vehículo para tomar decisiones en tiempo real. Ahora bien; con este planteamiento según un estudio del MIT[17] el hardware de control de una flota global de vehículos autónomos necesitaría de una cantidad de energía equivalente a la que actualmente consumen todos los centros de datos del mundo. Esto sin hablar de «extraordinario refuerzo» que supone un fallo en la conducción, y las implicaciones legales y ética que cada accidente que genera.

3.8.3 Deep Learning (DL)

El aprendizaje profundo (DL) es una rama del aprendizaje automático (ML) que ha experimentado un renacimiento en las últimas décadas, de la mano de las redes neuronales profundas (DNN). Aunque la idea de las DNN en las que se basa el DL, ha existido desde los orígenes que ya hemos citado, la falta de recursos computacionales solventes y los desafíos en el entrenamiento relacionados con el gran volumen de datos necesario, impidió

---

[17] https://news.mit.edu/topic/autonomous-vehicles

su desarrollo hasta disponer del potente hardware (al menos comparativamente) con el que hoy en día contamos.

Un sistema de DL suele necesitar de grandes cantidades de datos de entrenamiento para aprender de manera efectiva y resultar útiles en la práctica. En ausencia de datos suficientes, las DNN que constituyen su núcleo pueden sufrir sobreajuste, efecto que hace que se adapten demasiado a los datos de iniciales de entrenamiento y tengan dificultades para generalizar a nuevos datos una vez puesto el sistema en explotación. Además, su entrenamiento, especialmente en modelos que podemos catalogar como de muy profundos por la gran cantidad de capas ocultas que integran, puede ser computacionalmente intensivo y requerir hardware especializado extremadamente potente, y que por lo tanto tenga una marcada huella ecológica en términos de consumo energético y generación de calor. Esta dependencia de las DNN del hardware especializado como lo son las GPUs de las que suelen hacer uso, y el elevado coste energético inherente a esta tecnología son dos aspectos importantes que se deben tener en cuenta. Los costos operativos relacionados con los consumos y la inversión necesaria en sistemas de refrigeración eficientes, pueden ser un hándicap a la hora de plantearse el uso de estes tipo de arquitecturas, y desde luego, un factor cada vez más a tener en cuenta.

Por otra parte, a medida que las DNN se vuelven más complejas, la interpretación de cómo toman decisiones puede volverse todo un desafío. La falta de transparencia en el proceso de toma de decisiones en DL es etiquetada a menudo como de estructura de caja negra, lo que dificulta comprender cómo llegan a ciertas conclusiones. Una caja negra describe una situación en la que el funcionamiento interno de un componente de software o un sistema completo no es visible ni conocido para el usuario externo o para otros componentes del sistema. La caja negra responde a ciertas entradas y produce ciertas salidas sin conocer los detalles internos, pudiendo por lo tanto darse la situación en la que no se encuentra correlación aparente entre las entradas y las salidas. En este aspecto, las DNN pueden aprender representaciones altamente no lineales de los datos, lo cual significa que la relación entre las entradas y las salidas puede ser enrevesadamente compleja y difícil de interpretar con lógica lineal, oscureciendo la interpretación de cómo se llega a una decisión específica. Las interacciones no lineales entre las características de entrada y los pesos de la red generan las más de las veces decisiones que no se pueden descomponer de manera sencilla en términos de características individuales, por la solución de problemas con los resultados aparentemente aleatorios obtenidos algunas veces mediante DL, resulta en la práctica todo un reto.

3.8.3.1 Sistemas Discriminativos

El mencionado problema con la interpretación de la toma de decisiones tiene un menor impacto en los Sistemas Discriminativos. Estos modelos de Deep Learning (DL) están diseñados específicamente para resolver problemas de clasificación y toma de decisiones. De esta forma, aprenden a distinguir entre diferentes clases o categorías de datos, enfocándose en la discriminación y clasificación precisa. Por ejemplo, pueden predecir si un correo electrónico es spam o no lo es, reconocer dígitos escritos a mano en imágenes o clasificar noticias en diferentes categorías.

Los modelos discriminativos en DL hacen uso de diversas técnicas, entre las que se destacan los árboles de decisión, las Máquinas de Vectores de Soporte (SVMs) y la regresión logística. Las SVMs son particularmente efectivas para encontrar el hiperplano que mejor separa los datos en diferentes clases. Por otro lado, la regresión logística, aunque su nombre pueda llevar a confusión, se utiliza en problemas de clasificación. Este método estadístico modela la probabilidad de que una variable dependiente categórica tome un determinado valor. A diferencia de la regresión lineal, que modela la relación entre una variable dependiente continua y una o más variables independientes, la regresión logística se centra en la predicción de categorías discretas.

En el caso de la regresión logística, el modelo calcula la probabilidad de que una observación pertenezca a una de las categorías definidas. Esta probabilidad se transforma mediante una función sigmoide, que asegura que el resultado esté en el rango de 0 a 1, facilitando la interpretación como una probabilidad. Este enfoque es particularmente útil en problemas de clasificación binaria, pero también se puede extender a múltiples clases mediante técnicas como la regresión logística multinomial.

La capacidad de los sistemas discriminativos para aprender y diferenciar entre categorías de datos los hace especialmente valiosos en aplicaciones prácticas. Por ejemplo, en el ámbito del procesamiento de correos electrónicos, un sistema discriminativo puede ser entrenado para identificar y filtrar correos no deseados (spam) con alta precisión. En el reconocimiento de escritura manual, estos modelos pueden ser utilizados para interpretar correctamente los dígitos escritos a mano, lo cual es esencial en aplicaciones como el reconocimiento de cheques bancarios o formularios escritos a mano. Además, en el ámbito de la clasificación de noticias, los modelos discriminativos pueden analizar y categorizar automáticamente grandes volúmenes de texto, asignando cada artículo a la categoría adecuada, como deportes, política o tecnología. Este proceso no solo mejora la organización y búsqueda de información, sino que también puede facilitar la personalización del contenido para los usuarios.

3.8.3.2   Sistemas Generativos

Los sistemas generativos de IA son aquellos capaces de crear, generar o producir nuevos datos o contenido de manera autónoma. Es en este ámbito donde se manifiesta especialmente el problema de la interpretación de la toma de decisiones. Estos sistemas pueden aprender patrones y distribuciones en los datos de entrenamiento y, a partir de esa información, generar nuevos ejemplos que comparten características similares. Este criterio, aunque a veces es difícil de entender completamente, permite la generación de nuevos datos en diversas formas, como imágenes, texto o sonidos, incluso reproduciendo el habla humana con la voz del locutor que se desee.

Existen dos tipos principales de sistemas generativos en IA: los probabilísticos y los deterministas. Los sistemas probabilísticos, como los *Autoencoders Variacionales* (VAE) o las Redes Generativas Antagónicas (GAN), generan datos en base a funciones estocásticas. Estos modelos utilizan la probabilidad para crear nuevas muestras, lo que introduce un grado de aleatoriedad en el proceso de generación. Por ejemplo, una GAN consta de dos redes neuronales que se entrenan simultáneamente: una red generadora que produce datos falsos y una red discriminadora que intenta distinguir entre datos reales y falsos. Este juego competitivo mejora continuamente la capacidad de la red generadora para crear datos que sean indistinguibles de los reales.

Por otro lado, los sistemas deterministas, como el modelo GPT (*Generative Pre-trained Transformer*), están gobernados principalmente por reglas o leyes deterministas, es decir, no hay lugar para la aleatoriedad o el azar en la evolución del sistema. GPT, por ejemplo, utiliza un enfoque basado en el aprendizaje profundo para predecir la siguiente palabra en una secuencia de texto dada una entrada inicial. Aunque el modelo puede generar diferentes secuencias de texto dependiendo de la entrada y los parámetros de generación, el proceso subyacente sigue un conjunto de reglas y cálculos deterministas.

Los sistemas generativos tienen aplicaciones en una amplia gama de campos. En la generación de imágenes, pueden crear desde arte digital hasta imágenes fotorrealistas de personas inexistentes. En el procesamiento del lenguaje natural, pueden generar textos coherentes y contextualmente relevantes, lo que es útil en aplicaciones como *chatbots*, redacción automática de contenido y traducción de idiomas. En el ámbito del audio, pueden producir música original o sintetizar voces que suenan como locutores humanos específicos, lo que tiene aplicaciones en entretenimiento, asistentes virtuales y narración de audiolibros.

Sin embargo, la interpretación de las decisiones tomadas por estos sistemas generativos sigue siendo un desafío. Dado que estos modelos aprenden a partir de grandes volúmenes de datos y generan nuevas muestras basadas en patrones complejos y, en el caso de los modelos probabilísticos, con un componente de aleatoriedad, entender el proceso exacto que lleva a la generación de un resultado particular puede ser complicado. Esta falta de interpretabilidad plantea cuestiones éticas y prácticas sobre la confiabilidad y el control de los sistemas generativos, especialmente cuando se utilizan en aplicaciones sensibles o críticas.

3.8.3.2.1 Arquitectura Variational Autoencoders (VAE)

La idea fundamental de la arquitectura estocástica *Variational Autoencoders* (VAE) se introdujo con la publicación del artículo "*Auto-Encoding Variational Bayes*" por Kingma y Welling en 2013. Los VAE son modelos generativos probabilísticos que se utilizan para aprender representaciones latentes y generativas de datos. Antes de los VAE existían autoencoders tradicionales, los cuales son modelos de redes neuronales utilizados para la reducción de dimensionalidad y la extracción de características, que consistían en un codificador y un decodificador. Estos tenían limitaciones en la generación de datos realistas y en la obtención de representaciones latentes útiles, además, no proporcionaban una medida clara de incertidumbre en las predicciones.

Al igual que los autoencoders tradicionales, los VAE constan de un codificador y un decodificador enfocados a reducir la dimensión de los datos y capturar las características más importantes. Sin embargo, en lugar de mapear directamente los datos de entrada a códigos, el codificador de un VAE produce distribuciones probabilísticas en un espacio latente. Este espacio latente es un espacio abstracto y de dimensiones reducidas donde se representan características o atributos aprendidos de manera interna por un modelo, generalmente en el contexto de modelos generativos o de reducción de dimensionalidad. En este espacio latente se plasma la captura de las características esenciales de los datos de entrada de manera más compacta y abstracta, facilitando así la generación o manipulación de nuevos datos.

La idea fundamental es que el espacio latente almacena la codificación de la información relevante y útil sobre los datos de entrada, lo que permite que el modelo genere nuevas muestras que son coherentes y similares a las que se observaron durante el entrenamiento. Además, la manipulación de puntos en el espacio latente puede influir en las características de las muestras generadas. Por ejemplo, en un VAE entrenado con imágenes de rostros el espacio latente puede representar características como la expresión facial, la orientación de la cabeza o la iluminación de manera continua. Manipular puntos en este espacio latente puede conducir a la generación de imágenes que varían en esas características de manera controlada, generando nuevas expresiones y gestos como resultado, los cuales pueden ser reutilizados.

Los VAE han demostrado ser efectivos para aprender representaciones latentes útiles y generativas de datos complejos y se utilizan comúnmente en la generación de imágenes y en tareas relacionadas con la creación de contenido visual. Ejemplo de esto es su uso para tareas de *denoising*, donde el modelo aprende a reconstruir imágenes originales a partir de versiones ruidosas o incompletas, lo cual ayuda a limpiar imágenes defectuosas o a eventualmente insertan información que se desea incorporar.

3.8.3.2.2   Redes Generativas Adversarias (GAN)

Las GAN son un tipo de modelo generativo propuesto por Ian Goodfellow y su grupo de investigación de Stanford en 2014 en base a su artículo *"Generative Adversarial Nets"*[18]. Esta arquitectura ha demostrado ser extremadamente exitosas en la generación de datos realistas en varios dominios. El planteamiento detrás de las GAN es crear un generador y un discriminador que operen en conjunto para mejorar la capacidad del generador para crear datos que son indistinguibles de los datos reales.

El generador toma como entrada una serie de números aleatorios (ruido) y genera datos que deberían a priori parecerse a los datos reales. Es a continuación cuando el

---

[18] https://arxiv.org/abs/1406.2661

discriminador evalúa si son datos reales o generados, para lo cual debe de haber sido entrenado de cara a distinguir entre datos reales y datos generados por el generador. En el este proceso de entrenamiento, el generador busca mejorar su capacidad para generar datos realistas, mientras que el discriminador busca mejorar su capacidad para distinguir entre datos reales y generados. Con todo esto se crea un ciclo de retroalimentación en el que ambos modelos se mejoran mutuamente y así, las GAN evolucionan y mejorar su eficiencia.

Mediante este procedimiento de retroalimentación, el resultado obtenido se ha utilizado con éxito para generar imágenes realistas, y para mejorar la calidad de las imágenes existentes. Se utiliza también en este ámbito para transferir estilos entre imágenes, como cambiar la corriente artística de una captura de una pintura famosa. Además, pueden utilizarse para generar conjuntos de datos sintéticos que a su vez se utilizan en tareas de entrenamiento de otros modelos de ML cuando los datos reales son limitados, y también para detectar anomalías en datos, ya que el generador puede aprender a generar datos normales y, por lo tanto, las anomalías pueden detectarse aplicando el mecanismo inverso.

3.8.3.2.3   Generative Pre-trained Transformer (GPT)

Vimos ya como en la tercera etapa de la evolución de la IA, el artículo *"Attention is all you need"* de 2017 supuso un antes y un después en cuanto a su influencia y repercusiones. Partiendo de lo en él expuesto, en junio de 2018, OpenAI lanzó GPT-1 (Generative Pre-trained Transformer 1). Los GPT son una familia de modelos de lenguaje basados en la arquitectura Transformer y entrenados de manera previa en grandes cantidades de datos antes de ser afinados para tareas específicas. Desde el lanzamiento esta exitosa línea de productos, OpenAi ha ido enlazando la presentación de nuevos artefactos basados en tecnología GPT, de la que ChatGTP es el principal exponente.

GPT en el caso ChatGTP utiliza mecanismos de atención proporcionados por su arquitectura Transformer, para procesar y relacionar palabras en contextos extensos. Para ello GPT-1 contaba con 117 millones de parámetros, consiguiendo demostrar habilidades sorprendentes en el momento de su lanzamiento, para tareas de generación de texto basadas en procesamiento del lenguaje natural. Por su parte GPT-2, lanzado en febrero de 2019, superó con creces esta cifra anterior de parámetros, con un total 1.5 mil millones. A su vez, esta nueva versión generó preocupaciones sobre el potencial abuso de la tecnología, ya que mostraba una capacidad potenciada e impresionante para generar texto coherente y convincente, a pesar de sufrir en demasiadas ocasiones el fenómeno de «alucinación». Esto hace que los GPT en sus diferentes versiones generen contenido de manera coherente, contextual y convincente, incluso cuando se les pide que completen o generen información más allá de sus datos de entrenamiento, por lo que pueden completar oraciones, párrafos o incluso escribir historias coherentes basadas en sesgos y falacias.

GPT-3, lanzado en junio de 2020, supuso una revolución con sus 175 mil millones de parámetros, y la amplia difusión e impacto mediático alcanzado. Un parámetro en este contexto en el que nos estamos refiriendo a él, es un elemento ajustable del modelo que se aprende durante el proceso de entrenamiento, es decir, los pesos asociados con las conexiones entre las neuronas en la RNN del modelo. Estos se utilizan para ajustar la importancia de diferentes palabras en el contexto y para aprender las relaciones entre las palabras. Cuantos más parámetros tenga un modelo, mayor será su capacidad para capturar patrones complejos y sutilezas en los datos de entrenamiento. Estos parámetros permiten capturar información a una escala masiva y, en teoría, aprender representaciones más ricas y contextuales del lenguaje. Aunque más parámetros no siempre se traducen directamente en un mejor rendimiento, ya que la eficacia del modelo también depende de otros factores como la calidad del conjunto de datos de entrenamiento (*dataset*), el diseño concreto de la arquitectura del modelo y la tarea específica para la cual se está utilizando.

Por último, GTP-4 lanzado en marzo de 2023, además de superar esa cantidad de parámetros de su predecesor sobrepasando el billón, incorporaba capacidades de multimodalidad. Cuando se dice que un modelo GPT es multimodal, significa que el modelo no solo es capaz de procesar y generar texto, sino que también puede manejar múltiples modalidades de datos, como imágenes y, en algunos casos, audio. Esto implica que el modelo es capaz de comprender y generar información no solo en forma de texto, sino también en otros formatos de datos. Los modelos de lenguaje GPT iniciales se centraron en el procesamiento del lenguaje natural y la generación de texto, sin embargo, la idea de modelos GPT multimodales ha evolucionado para incluir la capacidad de trabajar con datos de varias modalidades, lo que les permite abordar tareas que involucran información visual y auditiva además del lenguaje escrito.

BART (Bidirectional and Auto-Regressive Transformers) es un modelo generativo basado en Transformers desarrollado esta vez por Meta AI. BART está diseñado para realizar tareas de procesamiento del lenguaje natural. BART es técnicamente un autoencoder de eliminación de ruido para el preentrenamiento de modelos de secuencia a secuencia, que se entrena mediante la corrupción de texto con una función de ruido arbitrario y el aprendizaje de un modelo para reconstruir el texto original. Utiliza una arquitectura estándar de traducción automática basada en Transformer que es particularmente efectivo cuando se ajusta finamente para la generación de texto, pero también funciona bien para tareas de comprensión.

3.9 Tecnologías Cuánticas

Los ordenadores cuánticos plantean ejecutar tareas de manera considerablemente más precisa y eficiente que los ordenadores convencionales, ofreciendo a los desarrolladores un nuevo escenario en que hacer uso de herramientas para aplicaciones específicas. La computación cuántica y la IA representan tecnologías transformacionales, y el progreso de la IA posiblemente esté vinculado a los avances en la computación cuántica. Aunque es factible desarrollar aplicaciones funcionales de IA mediante ordenadores clásicos, estas se ven limitadas por la capacidad de procesamiento de dichos sistemas. La computación cuántica tiene el potencial de proporcionar un avance cualitativo y cuantitativo en términos de capacidad de cómputo que ciertos planteamientos de la IA requieren para abordar problemas más complejos, basándose en que la computación cuántica tiene el potencial de transformar la capacidad de cómputo aumentándola de manera superlativa.

La computación cuántica puede ser particularmente eficaz en la optimización de algoritmos utilizados en la IA. Algunos problemas computacionales intensivos, como la búsqueda en grandes conjuntos de datos que implica por ejemplo el proceder de lo que tradicionalmente se ha venido llamando un Sistema Experto, podrían eventualmente beneficiarse enormemente de la capacidad de cómputo paralelo y la manipulación eficiente de la información cuántica. En este ámbito, el algoritmo de búsqueda cuántica de Grover es uno de los algoritmos cuánticos más conocidos y prometedores. Este algoritmo se utiliza para buscar un elemento específico en una base de datos no ordenada, proporcionando una ventaja cuadrática sobre los algoritmos clásicos. Esto significa que puede reducir drásticamente el número de consultas necesarias para encontrar la solución, suponiendo esto un impacto en el rendimiento global de cualquier sistema de IA que lo implemente.

Se continúa investigando y desarrollando algoritmos cuánticos específicamente diseñados para aplicaciones de IA. Estos algoritmos buscan aprovechar las ventajas de la computación cuántica para mejorar la eficiencia y la velocidad de ciertos cálculos utilizados en tareas de IA, como el aprendizaje automático. En este caso concreto y de manera similar a su homólogo clásico, el aprendizaje automático cuántico aprovecha datos y experiencia para adquirir conocimientos, aplicando los principios de la mecánica cuántica, pudiendo aquí también hablar de algoritmos de aprendizaje supervisado, no supervisado y por refuerzo.

En el ámbito del aprendizaje automático supervisado cuántico, los computadores cuánticos buscan aprender de datos previamente etiquetados. Se están explorando implementaciones de redes neuronales cuánticas, aunque se enfrentan a desafíos debido a la linealidad inherente a la mecánica aplicada. Por otro lado, los métodos de aprendizaje cuántico no supervisado tienen como objetivo descubrir patrones en datos no clasificados previamente. En este caso, s estudian diversos algoritmos cuánticos de agrupamiento que calculan distancias entre datos.

En lo que a lo que aprendizaje por refuerzo cuántico se refiere, la superposición que forma parte del núcleo teórico de la mecánica cuántica facilita la evaluación de la recompensa de múltiples acciones simultáneas sobre el estado. Es posible adaptar algoritmos como el de Grover, para identificar la acción que proporciona la recompensa óptima. [73]

3.10 Tecnologías Semánticas

Las Tecnologías Semánticas se centran en la representación y comprensión del significado de la información. La semántica asigna significados a los datos de manera que las máquinas pueden procesar ese entendimiento del contexto subyacente a la semántica y la relación entre diferentes elementos. La Web Semántica es la referencia cuando hablamos de tecnologías semánticas. En ella los datos están estructurados de manera que sus relaciones sean explícitas y puedan ser interpretadas tanto por humanos como por máquinas.

Tim Berners-Lee, fundador de la World Wide Web, propuso por primera vez la noción de la Web Semántica en un artículo de investigación publicado en 2001 en la revista científica Scientific American [74]. La Web Semántica agrega un significado semántico a la información que se haya dispersa e interconectada a lo lardo de la web, permitiendo de esta forma que las máquinas operen bajo parámetros de comprensión del contenido de una manera análoga a como lo hacen los humanos. Desde luego que no podemos afirmar en sentido purista que las maquinas «comprendan» en el sentido que lo hacemos las personas, pero en todo caso podemos afirmar que las máquinas operan en base a la misma compresión que utilizamos las personas, obteniendo por lo tanto resultados basados en el mismo tipo de razonamiento contextual.

Los estándares y tecnologías creados para la Web Semántica y estandarizados por la W3C, incluyendo RDF (Resource Description Framework), OWL (Web Ontology Language) y SPARQL (Query Language for RDF), proporciona un marco para la representación, el intercambio y la consulta de datos semánticos, que son el núcleo de la denominada IA Semántica.

3.10.1 Knowledge Representation and Reasoning

La representación del conocimiento y razonamiento (KRR, KR&R, KR²) es un campo de la Inteligencia Artificial que se centra en representar el conocimiento de manera que permita inferir nuevas conclusiones mediante razonamiento formal. Este campo utiliza sistemas de símbolos y lógica para representar dominios del discurso y posibilitar el razonamiento. El objetivo principal de la KRR es desarrollar métodos y herramientas que permitan a las máquinas interpretar y utilizar el conocimiento de forma efectiva. Para ello, se emplean diversas técnicas de representación, como ontologías, marcos, redes semánticas y sistemas basados en reglas. Estas técnicas facilitan la estructuración y organización del conocimiento, haciéndolo accesible para su procesamiento automatizado.

Los sistemas de símbolos y lógica utilizados en KRR permiten representar conocimientos sobre diversos dominios y razonar sobre ellos. Por ejemplo, la lógica proposicional y la lógica de primer orden son herramientas fundamentales en este campo. La lógica proposicional se utiliza para representar afirmaciones simples y su combinación mediante operadores lógicos. La lógica de primer orden, por otro lado, permite representar relaciones más complejas entre objetos y atributos en un dominio determinado.

Las aplicaciones de la KRR son vastas y variadas. En el ámbito de la medicina, por ejemplo, se utilizan sistemas de representación del conocimiento para apoyar el diagnóstico y tratamiento de enfermedades, permitiendo a los médicos tomar decisiones informadas basadas en una gran cantidad de datos y reglas médicas. En el ámbito empresarial, la KRR se aplica en sistemas de gestión del conocimiento, ayudando a las organizaciones a organizar y utilizar su información de manera más eficiente. La KRR también juega un papel crucial en el desarrollo de sistemas expertos, que son programas de computadora diseñados para emular la toma de decisiones de un experto humano en un dominio específico. Estos sistemas utilizan bases de conocimiento y motores de inferencia para proporcionar recomendaciones y soluciones a problemas complejos.

3.10.2 Knowledge Graphs (KG)

Los grafos de conocimiento (KG) representan entidades del mundo real y las relaciones entre ellas en forma de triples de datos, en la que un sujeto es vinculado a un objeto mediante la definición de su vínculo. Esto es lo que se llama un triple. Mediante triples, se generan grafos de propiedades, los cuales se utilizan para modelar las relaciones entre los datos, permitiendo así el análisis y la consulta de los datos en función de estas relaciones. En un KG encontramos vértices que pueden contener información detallada sobre un tema, así como bordes que definen la relación entre los vértices. Los vértices y los bordes pueden tener atributos que se llaman propiedades, y a los que están asociados. En un KG que modela relaciones entre libros y autores, un vértice que representa un libro puede tener propiedades como «título», «año de publicación», y «género». Otro vértice que represente a un autor puede incluir propiedades como «nombre», y «apellidos». Por otro lado, los bordes que conectan autores y libros del tipo «escrito por» pueden tener propiedades como «número de obra», indicando que número de libro es este en el conjunto de los creados por ese autor. El escalado de estas propiedades enriquecen el grafo, lo que permite a la postre consultas detalladas sobre los datos, y lo que es más importante, inferencias.

Cuando de estándares a la hora de crear un KG se trata, los grafos RDF (*Resource Description Framework*) cumplen lo marcado por la W3C (*World Wide Web Consortium*). En el modelo RDF[19], una sentencia está representada por los tres elementos del triple del que hablamos; dos vértices (sujeto, objeto) y un borde, relación o arco (predicado) que los conecta. Cada elemento de este triple RDF se identifica con un URI (identificador único de recurso), que lo identifica e interconecta con el resto de los datos en la web [75].

Para ejemplificar lo expuesto, en un RDF podemos almacenar el triple "Intel – comercializó – i4004" haciendo referencia al primer microprocesador comercializado a gran escala. De esta forma la información queda almacenada en la estructura de datos RDF junto con resto, de manera que si un usuario busca información sobre el i4004, el KG almacenado en nuestro RDF no solo proporcionará el dato de que Intel fue el que lo comercializó, sino que también mostrará información contextual sobre el Intel y otros datos de interés almacenados en el KG, y por lo tanto vinculados, como por ejemplo que fue Federico Faggin el encargado de diseñar y sacar adelante el proyecto del i4004. Así, los motores de búsqueda semántica hacen uso de los KG para entender el significado detrás de las consultas, y ofrecer de esta forma resultados relevantes. Por ende, también es usado por los asistentes conversacionales para comprender el lenguaje natural y responder preguntas de manera más contextual y rica.

Las bases de datos de grafos son sistemas de gestión de bases de datos diseñados específicamente para almacenar y consultar datos que tienen una estructura de grafo. Neo4j utiliza el lenguaje de consulta Cypher. Equivalente Amazon Neptune, el cual es un servicio de base de datos de grafos gestionado por Amazon Web Services (AWS). Por su parte Azure Cosmos DB que es un servicio de base de datos multimodelo de Microsoft, incluye soporte para grafos a través de la API de Gremlin. También Virtuoso es una base de datos multipropósito que soporta múltiples modelos de datos, incluyendo grafos. Los ejemplos citados y más que aquí

---

[19] https://www.w3.org/RDF/

se omiten, admiten consultas mediante SPARQL (SPARQL Protocol and RDF Query Language) [20] que es un lenguaje de consulta sobre datos RDF, estandarizado por parte de la W3C.

Aunque la mayoría de las bases de datos orientadas a grafos utilizan motores de BBDD específicos como lo que hemos visto, para manejar eficientemente las relaciones entre nodos también es posible implementar estructuras de grafos en bases de datos relacionales, representando en este caso las relaciones y nodos de un grafo utilizando tablas y relaciones en el modelo relacional estándar [68].

3.10.3 Sistemas de Organización del Conocimiento (SOC)

Los Sistemas de Organización del Conocimiento (SOC) son herramientas y métodos que permiten la estructuración, categorización y gestión del conocimiento dentro de un dominio específico. Estos sistemas facilitan la organización de grandes volúmenes de información, haciendo que el conocimiento sea accesible y utilizable para diversas aplicaciones.

Los componentes fundamentales de los SOC incluyen taxonomías, ontologías, tesauros, redes semánticas y sistemas basados en reglas. Las taxonomías son estructuras jerárquicas que organizan conceptos en categorías y subcategorías, facilitando la navegación y búsqueda de información. Son útiles para clasificar contenido y definir relaciones simples entre términos. Por su parte, las ontologías representan formalmente un conjunto de conceptos dentro de un dominio y las relaciones entre ellos. Van más allá de las taxonomías al incluir restricciones, reglas y axiomas que permiten el razonamiento automático y la inferencia de nuevo conocimiento.

Los tesauros, que son colecciones de términos controlados y sus relaciones, incluyen sinónimos, antónimos y términos relacionados, mejorando la consistencia en la indexación y

---

[20] https://www.w3.org/TR/sparql11-query/

recuperación de información mediante un vocabulario estandarizado. Las redes semánticas, que representan el conocimiento como nodos (conceptos) y aristas (relaciones), facilitan la visualización de las conexiones entre conceptos, siendo útiles en el procesamiento del lenguaje natural y la inteligencia artificial. Los sistemas basados en reglas, compuestos por conjuntos de reglas lógicas, permiten la automatización de procesos y la toma de decisiones basada en el conocimiento estructurado, utilizando reglas del tipo «si-entonces» para derivar con este mecanismo conclusiones o acciones a partir de datos.

3.10.3.1 Ontologías

Una ontología es reflejo de los tipos de cosas que existen. En IA, se trata con varios tipos de objetos y de contenidos factuales, por lo que resulta útil contar con un conocimiento a priori de cuáles son estos tipos y cuáles son sus propiedades básicas. Así, una ontología se configura como una estructura jerárquica de conceptos acompañados de atributos y relaciones, cuya función es establecer una terminología consensuada que permite definir redes semánticas compuestas por unidades de información interrelacionadas. De esta forma, al proporcionar un vocabulario específico de clases y relaciones, la ontología facilita la descripción de un dominio particular de conocimiento, basándose (y esto es importante) en el consenso en su representación, y potenciando en definitiva las funcionalidades con las que cuenta el conocimiento objeto de estudio para ser compartido y aplicado.

El uso de las ontologías en el ámbito de la computación comienza en la década de 1990. Fue el doctor Thomas Gruber el que con su tesis «*La adquisición del conocimiento estratégico*» sentó las bases para su posterior uso. Gruber definió qué es una ontología en su artículo "*A translation approach to portable ontology specifications*", como «una especificación explícita de una conceptualización» [12]. Para respaldar el intercambio y reutilización de conocimientos formalmente representados entre sistemas de IA, resulta útil definir un vocabulario común en el cual se represente el conocimiento compartido. Una especificación de un vocabulario representacional para un dominio compartido de discurso, que incluye definiciones de clases, relaciones, funciones y otros objetos, se denomina ontología.

Existen diversos mecanismos para definir ontologías que sean portables entre sistemas de representación. Las definiciones escritas en un formato estándar para el cálculo de predicados son traducidas mediante un sistema llamado Ontolingua a representaciones especializadas, que incluyen sistemas basados en marcos, así como lenguajes relacionales. Con esto se permite a los investigadores compartir y reutilizar ontologías, al mismo tiempo que conservan los beneficios computacionales de implementaciones especializadas. Este enfoque de traducción a representaciones especializadas mediante Ontolingua para la portabilidad, aborda varios problemas técnicos. Uno de los problemas es cómo acomodar las diferencias estilísticas y organizativas entre las representaciones, al tiempo que se preserva el contenido declarativo. Otro problema es cómo traducir desde un lenguaje muy expresivo a lenguajes restringidos, manteniéndose independiente del sistema y preservando la eficiencia computacional de los sistemas implementados. A estos problemas el propio Gruber plantea solución, que es basar el sistema Ontolingua en una ontología de modismos representacionales independientes del dominio. Para ello contamos con diferentes lenguajes que nos permiten crear y expresar ontologías, entre los que destaca el Lenguaje de Ontologías Web (OWL) [21] el cual es un estándar también gestionado por la W3C.

La **Ingeniería Ontológica** se dedica al diseño, desarrollo y gestión de ontologías, con el objetivo de identificar y definir los conceptos clave, las relaciones y las restricciones en un dominio específico. Este proceso implica la creación de una ontología que refleje con precisión el dominio en cuestión. Una ontología es una representación formal de un conjunto de conceptos dentro de un dominio y las relaciones entre esos

---

[21] https://www.w3.org/2007/09/OWL-Overview-es.html

conceptos, lo cual facilita el entendimiento y la interoperabilidad entre sistemas.

El mecanismo de hibridación en Ingeniería Ontológica permite aprovechar ontologías y componentes existentes. Con ello se mejora la eficiencia del desarrollo al reducir el tiempo y esfuerzo necesarios para crear una ontología desde cero, y se promueve la reutilización de conocimiento previamente estructurado y validado. La hibridación implica integrar diferentes ontologías y componentes para construir una nueva ontología que sea más completa y robusta.

En el proceso de ingeniería ontológica, los expertos comienzan por identificar los conceptos clave del dominio, definiendo claramente cada uno y estableciendo las relaciones pertinentes entre ellos. Esto incluye la especificación de restricciones y reglas que rigen esas relaciones, asegurando que la ontología sea coherente y precisa. Las ontologías resultantes pueden ser utilizadas en una variedad de aplicaciones, desde la IA y el PLN, a la gestión del conocimiento y los sistemas de información.

La capacidad de una ontología para reflejar con precisión un dominio específico es esencial para su utilidad práctica. Por ejemplo, en el ámbito médico, una ontología podría incluir conceptos como enfermedades, síntomas, tratamientos y medicamentos, junto con las relaciones entre ellos, como "causa", "trata" o "es síntoma de". La integración de ontologías existentes, como terminologías médicas estandarizadas, puede enriquecer la nueva ontología y garantizar su compatibilidad con sistemas y datos preexistentes.

La hibridación en la Ingeniería Ontológica no solo se refiere a la integración de conceptos y relaciones, sino también a la incorporación de componentes tecnológicos que faciliten la interoperabilidad y la funcionalidad extendida. Esto puede incluir la combinación de diferentes modelos de datos, lenguajes de representación del conocimiento y herramientas de razonamiento, permitiendo que la ontología resultante sea más flexible y aplicable a diversas situaciones y contextos. [76].

3.11 Natural Language Proccesing (NLP)

Hemos tratado ya en apartados anterior algunos aspectos del procesamiento del lenguaje natural, el cual implica una variedad de tareas relacionadas con el lenguaje, como lo es el análisis sintáctico y semántico, la traducción automática, la generación de texto, la respuesta a preguntas, el reconocimiento del habla y mucho más. El NLP o PLN si atendemos a sus siglas en español, se utiliza en aplicaciones como asistentes virtuales, sistemas de recomendación, análisis de sentimientos, extracción de información, entre otros, dado que es en lenguaje natural el modo en que los humanos expresamos el conocimiento y razonamos. En este sentido, hasta la década del 1980 predominaba en PLN el uso de las teorías de Chomsky sobre la estructura del lenguaje humano, siendo en este momento cuando comenzaron a irrumpir en el panorama diferentes algoritmos de aprendizaje automático que transcienden la dimensión expuesta por este lingüista.

En cuanto al análisis del lenguaje, la introducción del etiquetado de partes del discurso trajo consigo el uso de Modelos Ocultos de Markov (HMM) como técnica valida en PLN, haciendo que, con el tiempo, las decisiones en investigación y desarrollo se inclinaran cada vez más hacia modelos estadísticos. Estos modelos toman decisiones de manera suave y probabilística, capturando el conocimiento de los textos que procesan de manera algorítmica. Los procedimientos de aprendizaje automático pueden, además, emplear algoritmos de inferencia estadística para generar modelos más robustos y confiables frente a entradas desconocidas como, por ejemplo, aquellas que contienen palabras o estructuras nunca vistas, o para entradas erróneas como palabras mal escritas u omitidas accidentalmente. Estas son situaciones comunes en datos del mundo real que los sistemas actuales de PLN son capaces de afrontar con éxito, cuando hasta hace no tanto, no eran capaces de actuar ante estos errores.

A diferencia de los sistemas de procesamiento de lenguaje que se diseñaban codificando manualmente un conjunto de reglas, como gramáticas o reglas heurísticas para la derivación, el paradigma del aprendizaje automático requiere el uso de inferencia estadística para aprender automáticamente tales reglas mediante el análisis de grandes cantidades de ejemplos del mundo real, lo que se llama «corpus» de datos. Con ello, estos últimos pueden volverse más precisos simplemente proporcionando más datos de entrada, mientras que los modelos de antaño solo mejoran su precisión al aumentar la complejidad de las reglas, una tarea considerablemente más complicada, costosa en términos de fuerza de trabajo y permeable al error humano.

En el año 2001, Yoshio Bengio y su equipo presentaron el pionero modelo de lenguaje basado en una red neuronal, utilizando una estructura de red *FeedForward*. Bengio recibiría el premio Turing en 2018.

3.11.1 Natural Language Understanding (NLU)

La comprensión del lenguaje natural (NLU) es un subconjunto del procesamiento del lenguaje natural (PLN), que utiliza el análisis sintáctico y semántico del texto y del habla para determinar el significado de una oración. La sintaxis se refiere a la estructura gramatical de una oración, mientras que la semántica alude a su significado previsto. La NLU se apoya en la ontología propia de la IA Semántica, en la que especifica las relaciones entre palabras y frases. Mientras que los humanos hacen esto naturalmente en la conversación, la combinación de estos análisis es necesaria para que una máquina comprenda el significado previsto de diferentes textos.

Nuestra capacidad para distinguir entre homónimos y homófonos ilustra bien los matices del lenguaje [77].

Por ejemplo, un sistema capaz tan solo de procesar el lenguaje natural, sin tener conocimiento base del significado del contexto (lo que también llamamos sentido común), ante la afirmación «*el hombre paseaba por el parque, se encontró con un perro, él tuvo miedo de que le mordiera y salió corriendo*», puede inferir que el perro salió corriendo, ante la inminencia de que el hombre le mordiera (¿?). Algo perfectamente lógico según la estructura gramatical de la oración e incluso semántica, pero a todas luces improbable.

3.11.2 Natural Language Generation (NLG)

La generación de lenguaje natural (NLG) es otro subconjunto del procesamiento del lenguaje natural (PLN). Mientras que la comprensión del lenguaje natural se centra en la comprensión lectora por parte de las computadoras, la generación de lenguaje natural permite a las computadoras escribir generando contenido coherente. La NLG es así el proceso mediante el cual se produce una respuesta de texto en lenguaje humano basada en alguna entrada de datos. Este texto también puede convertirse en formato de habla a través de servicios de texto a voz. Esto puede abarcar también capacidades de resumen de texto, en forma de resúmenes a partir de documentos de entrada manteniendo la integridad de la información y la veracidad de los datos resumidos.

Inicialmente, los sistemas de NLG utilizaban plantillas para generar texto. De esta forma, basándose en algunos datos o consultas, un sistema de NLG llenaba los espacios en blanco en base a la probabilidad calculada de un contenido apareciera en ese espacio en blanco. Actualmente los sistemas de generación de lenguaje natural han evolucionado con la aplicación de cadenas de Markov ocultas, redes neuronales recurrentes y *Transformers*, lo que permite una generación de texto más dinámica y exacta en tiempo real.

3.11.3 Large Language Models (LLM)

Los modelos de lenguaje grandes (LLM), agregan ese calificativo de «grande» a su denominación, dado que han sido entrenados con cantidades de datos textuales de escala masiva, con el objetivo de comprender y generar texto de manera efectiva. Cuanto mayor tamaño tiene el modelo, más parámetros tiene y por lo tanto en teoría mayor es su capacidad para capturar patrones complejos en los datos, y generar respuestas coherentes y contextuales. Recordemos que no solo la cantidad, sino la calidad de los datos es vinculante a la hora de obtener resultados que no incluyan alucinaciones, algo que puede evitarse mediante un *finetuning* supervisado durante el entrenamiento. Sin este afinamiento, el modelo se comporta como loro parlante que mediante sus unidades de atención analiza y captura las estructuras lingüísticas de millones de frases en las que se basa, pero sin profundizar en el significado intrínseco de los conceptos ni tener contacto alguno las experiencias subjetivas (*qualia*) que están vinculadas a estos conceptos. El automatismo simplemente genera cadenas de palabras imitando los textos que ha procesado durante el entrenamiento y repitiendo sus estructuras. De esta forma, los resultados obtenidos, aunque sintácticamente contengan frases que son gramaticalmente coherentes, a menudo incluyen un contenido sesgado cuando no directamente erróneo.

Los nuevos sistemas de LLM, los cuales podemos enmarcarlos dentro de una cuarta ola en el desarrollo de la IA, encuentran solución a este problema con las alucinaciones, dividiendo su sistema de entrenamiento en tres fases, una inicial de preentrenamiento similar a la de versiones anteriores, una de afinamiento y finalmente otra de aprendizaje reforzado. En la nueva fase de afinamiento se lleva a cabo un entrenamiento supervisado mediante pares de prompt-respuesta creados y validados por etiquetadores humanos y por usuarios a través de una API (*Application Programming Interface*). A su vez, en la de aprendizaje reforzado denominada RLHF (*Reinforced Learning by Human Feedback*), las respuestas del modelo cercano ya a su versión final son premiadas o penalizadas también según el criterio de observadores humanos. Ya no se trata por lo tanto tan solo, de un cálculo estadístico del material que el modelo de lenguaje procesa en ingentes cantidades antes de comenzar a generar texto.

Los LLM se han vuelto prominentes en la investigación y la aplicación práctica en los últimos años, y son capaces de realizar tareas como traducción automática, resumen de texto, respuesta a preguntas, y generación de texto que implica cierto grado de creatividad. Los LLM son conocidos por su capacidad para capturar el significado de lo que se plantea y generar texto coherente y relevante en una amplia variedad de contextos. Es el entrenamiento con grandes cantidades de datos textuales y millones o incluso miles de millones de parámetros, lo que les permite capturar las complejidades lingüísticas y semánticas de las que luego hacen uso. Ahora bien, aunque los LLM han demostrado habilidades impresionantes, también presentan desafíos éticos y preocupaciones relacionadas con la seguridad, la privacidad y el sesgo, por lo que su uso debe ser considerado con cuidado y responsabilidad en diversas aplicaciones y entornos. Esto es algo que se pretende legislar.

"*La ley de inteligencia artificial de la UE es pionera en el mundo. Un marco legal único para el desarrollo de la inteligencia artificial en el que se puede confiar*", dijo la presidenta de la Comisión Europea, Ursula von der Leyen, en un mensaje en la red social X (antes Twitter). Las empresas de IA tendrán que cumplir criterios de transparencia dentro de este nuevo marco legal, como especificar si un texto, una canción o una fotografía se han generado a través de la inteligencia artificial y garantizar que los datos que se han empleado para entrenar a los sistemas respetan los derechos de autor. De esta forma, el reglamento no prohíbe su uso, pero sí establece una serie de criterios para detectar los modelos LLM que pueden generar un alto riesgo en función del contexto en el que se usen y obliga a sus desarrolladores a cumplir unas salvaguardas más estrictas antes de sacarlos al mercado. Así se plantean restricción para aquello sistemas que se puedan utilizar para influir en el resultado de unas elecciones, o los que empleen las entidades financieras para evaluar la solvencia y establecer la calificación crediticia. Ejemplo de LLM del que ya hemos tratado, es GPT (Generative Pre-trained Transformer), basado en la arquitectura Transformer de la que también hemos tratado, y que se entrena en grandes cantidades de datos textuales para aprender patrones y estructuras del lenguaje.

Otro prometedor ejemplo es Gemini, anunciado por Aphabet en diciembre de 2023. Gemini se postula como una herramienta capaz de razonar con fluidez mediante textos, imágenes, video, audio y códigos, lo cual le confiere multimodalidad. Esto es lo que se llama MMLU (Multi-task Language Understanding), e implica una comprensión masiva de leguaje en multitareas. En las presentaciones realizadas, Gemini era capaz de detectar errores en un problema matemático complejo, dar planteamientos y respuestas correctos como alternativa, y explicar los pasos para llegar hasta la solución. Además, se mostraba capaz de analizar imágenes dentro de un contexto temporal, explicado la linealidad y correlación de un conjunto de acciones. A este potencial se accede pendiente la programación directa en Java, Python o C++, o mediante el sistema de chat llamado Bard, el cual es capaz de funcionar en multitud de lenguas. Gemini trabaja bajo tres posibles enfoques, una versión Gemini Nano para ejecutar tareas directamente en un dispositivo de capacidades reducidas como por ejemplo un smartphone, una versión Gemini Pro para escalar en una amplia gama de tareas, y por último Gemini ultra que ofrece el modelo más potente y de mayor escala, para afrontar con solvencia tareas de gran complejidad.

3.12 Visión Artificial

En 1959, Russell Kirsch desarrolló un artefacto que permitía transformar imágenes en cuadrículas de números binarios que las máquinas podían entender, siendo este el comienzo de las tecnologías actuales de visión por computadora. Las tecnologías de visión artificial, combinadas con la IA, han experimentado avances significativos en las últimas décadas, lo que ha llevado a crear nuevas tecnologías por hibridación y aplicaciones innovadoras. Este innovador conjunto de tecnologías capacita a las máquinas para interpretar, comprender e incluso replicar la percepción visual humana.

Los sistemas que actualmente utilizamos de reconocimiento visual utilizan técnica de DL (*Deep Learning*) que no conseguirían desplegar su potencial hasta la década de 2010. Esto fue debido principalmente a que a pesar de tener las técnicas y plateamientos teóricos desarrollados en fechas anteriores, no disponíamos de bancos de imágenes con los que entrenar las redes, ni de unidades hardware de procesamiento gráfico lo suficientemente potentes. El problema con el hardware se resolvió paulatinamente con la implementación de modelos de redes neuronales haciendo uso de las unidades artimético-lógicas de las GPUs de las tarjetas gráficas, las cuales son más potentes que las de las CPUs tradicionales. Respecto a los bancos de imágenes, estos comenzaron a ser creados de manera masiva por universidades, centros de investigación o empresas privadas, poniendo a disposición de la comunidad la suficiente cantidad de bases de datos gratuitas y podían ser descargadas libremente de un repositorio remoto. De hecho, hoy en día bibliotecas de uso machivo en ML (Machine Learning), como TersorFlow, Keras o PyTorch, contienen métodos que permiten la descarga automática de imágenes, sin necesidad de que el desarrollador conozca la URI (Uniform Resource Identifier) concreta del recurso dentro repositorio. Ejemplo de estas bases de datos de imágenes de libre uso es *ImageNet*, creada por iniciativa de Fei-Fei Li, de la Universidad de Stanford, con el objetivo de ampliar el potencial de los sistemas de clasificación visual, que hace veinte años prácticamente se limitaban al reconocimiento óptico de caracteres (OCR). La base de datos Imagenet se presentó en 2009, y en la actualidad cuenta con más de 14 millones de imágenes estructuradas en unas 20.000 categorías. [22] ImageNet no posee los derechos de autor de las imágenes, tan solo compila una lista precisa de imágenes web para cada

---

[22] https://www.image-net.org/

conjunto de sinónimos (a los que llama *synset*) de WordNet (base de datos léxica de la lengua inglesa desarrollada por la Universidad de Princeton), con el objetivo de ponerla a disposición de investigadores y educadores que deseen utilizar las imágenes con fines de investigación no comercial o educativos.

Históricamente, la clasificación visual fue una de las tareas iniciales asignadas a sistemas de DL, en la que la red neuronal clasificaba y etiquetaba una imagen, tal cual era originariamente la misión del Perceptrón de Rosenblatt. Para ello, los algoritmos fundamentales de visión artificial incluyen multitud de operadores y herramientas matemáticas, que los dotan de las funcionalidades necesarias. Así, gracias al *operador de Sobel* implementan la función de resaltar bordes en una imagen calculando la magnitud del gradiente, y el *operador de Canny* les dota de la habilidad para detecta bordes aplicando filtrado gaussiano. Además, la *transformada de Hough* es capaz de detectar líneas y circulos en una imagen, y los histogramas de gradientes orientados (HOG) se utilizan para describir la forma y la apariencia de objetos, y los *Local Binary Patterns* (LBP) para describir texturas en una imagen. También hay algoritmos que permiten detectar esquinas como FAST (*Features from Accelerated Segment Test*). Para la detección y descripción de puntos clave en imágenes se puede utilizar SURF (Speeded Up Robust Features) que permite el emparejamiento de características. Estos y otros en unión con técnicas de clasificación binaria o multiclase de objetos como las Máquinas de Vectores de Soporte (SVM) o las redes Neuronales Convolucionales (CNN), permiten a no solo percibir, sino también categorizar e interpretar su entorno. En este ámbito de detección del entorno en tiempo real, destacan los algoritmos YOLO (You Only Look Once) y Faster R-CNN (Region-based Convolutional Neural Network). Utilizando cuando de trata de reconocimiento facial el análisis de componentes principales (PCA) y el Local Binary Patterns Histograms (LBPH) [78]

Otro método para clasificación visual que merece mención aparte, y que no se basa en métodos matemáticos es el *captcha* (Completely Automated Public Turing test to tell Computers and Humans Apart), el cual en principio es un mecanismo de seguridad diseñado para determinar si el usuario que está interactuando con un sistema en línea es humano o una máquina. En la práctica, empresas como Google se dieron cuenta de que en el pretexto del *captcha* también podía funcionar para hacer que el humano resolviera un segundo problema cuya respuesta podría utilizarse posteriormente como para entrenar a un sistema ML supervisado, como el que se utilizó para mejor el servicio de Street View, con lo cual cada vez que has resolvemos un *captcha* colaboramos de manera gratuita con nuestro tiempo y esfuerzo mental en generar un *dataset* de entrenamiento, para por ejemplo los programas de conducción autónoma de Google. Esto es reconocido abiertamente por la compañía en la propia web de reCAPTCHA[23]

A medida que la tecnología avanza y surgen nuevos desafíos en diversas industrias, la visión por computadora debe adaptarse para abordar problemas emergentes. Por ejemplo, la introducción de tecnologías como vehículos autónomos o la demanda creciente de soluciones de atención médica basadas en imágenes requiere enfoques innovadores. Los algoritmos y modelos de aprendizaje automático utilizados con este propósito mejoran con el tiempo a medida que se alimentan con datos nuevos y más diversos. Este ciclo de retroalimentación constante impulsa mejoras continuas en la capacidad de interpretación de las máquinas. Todo ello unido a los avances en hardware, como unidades de procesamiento gráfico (GPU) más potentes, y en software, como marcos de trabajo y bibliotecas de código abierto, permiten el desarrollo y la implementación de algoritmos más complejos y eficientes lo cual, a su vez, estimula el surgimiento de nuevas técnicas y enfoques. Esta no es una disciplina estática; es un campo de conocimiento en expansión dinámica que evoluciona para abordar nuevos desafíos y aprovechar nuevas oportunidades. La continua investigación, innovación y colaboración entre científicos, ingenieros y profesionales en este campo son esenciales para mantenerse al día con las demandas cambiantes de la tecnología y la sociedad.

---

[23] https://www.google.com/recaptcha/about/

3.13 Sistemas Cognitivos

Sistema es un conjunto de componentes relacionado entre sí, que trabajan juntos para lograr un objetivo o realizar una función específica. Un sistema puede ser físico o conceptual y puede abarcar desde entidades físicas, como una computadora o un automóvil, hasta conceptos abstractos, como un sistema de gestión o un sistema económico. Además, un sistema tiene límites definidos que lo separan del entorno circundante. Estos límites determinan qué está incluido como parte del sistema y qué está fuera de él. De lo que está fuera de él, el sistema recibe entradas, bien sea de un entorno de otra naturaleza o de otro sistema. Estas entradas son procesadas internamente y se generan salidas que afectan al entorno o a otros sistemas. Todo ello se desencadena dado que un sistema tiene un objetivo o propósito específico para el cual fue diseñado, el cual guía las actividades y funciones [21]. Un Sistema Cognitivo (SC), es un tipo de sistema especializado que está diseñado con el propósito de emular o replicar algunas de las funciones cognitivas observables en humanos, como el aprendizaje, el razonamiento, la percepción, la toma de decisiones y la comprensión del lenguaje natural. Este desempeño obtenido puede ser enfocado a la realización de una tarea concreta especializada, o tener por el contrario un enfoque más general, que lo emparienta con la IA fuerte o AGI que ya vimos.

Un SC que pretenda ser de propósito general ha de incorporar una base de conocimiento extendida, que represente los hechos y las reglas y almacene el conocimiento del dominio ampliado. Para ello la Ingeniería Ontológica brinda los mecanismos necesarios, a los que puede agregarse un motor de inferencia, constituyendo el cerebro del sistema experto, y capacitándolo para capturar el conocimiento relevante, interpretarlo y encontrar una solución adaptada al problema al que se enfrenta. Este motor de inferencia contiene las estructuras de la base de conocimiento y aplica este conocimiento de los hechos conocidos para inferir otros nuevos, proporcionando un razonamiento sobre la información, en la base al conocimiento. Además, un SC general ha de ser capaz de adquirir cada vez más saberes de diversas fuentes y almacenarlas de manera coherente en su base de conocimiento, mediante un módulo específico de aprendizaje y adquisición de conocimiento. Mención aparte merece en un SC los relacionado con la interfaz de usuario, dado que es el punto de interacción que permite la crucial comunicación entre máquinas y personas. En esta línea, ha de contemplarse la inclusión de un módulo de explicación, que permita al usuario obtener una respuesta vinculada con el modo en el que se llegó a una conclusión particular, y que sea comprensible para él, de manera que pueda entender el porqué de las decisiones.

Estos mecánicos proporcionan al SC la capacidad de interactividad para no interrumpir el flujo de información y la transferencia de conocimiento, unida a la capacidad de adaptación que garantice la agilidad a la hora de comprender requisitos nuevos y recompilar de manera dinámica datos. Esto junto con la compresión, la identificación y la extracción de elementos contextuales son puntos clave que permiten al SC integrar el contexto del tiempo, la tarea, el ámbito y el resto de las facetas a tener en cuenta a la hora de afrontar su función, con la eficiencia esperada [79].

Como ejemplo de SC de propósito general, podemos citar el generado mediante la arquitectura cognitiva Baars. En este modelo se intenta emular el funcionamiento de la consciencia humana, partiendo de la hipótesis de trabajo de que el sistema nervioso contiene varios procesadores especializados que ejecutan sus funciones de forma autónoma e inconsciente. Estos procesadores son altamente especializados y eficientes en la realización de sus tareas, y trabajan en paralelo para crear un sistema distribuido de muy alta capacidad similar al sistema nervioso central, pudiendo cooperar mediante el desarrollo de coaliciones. La arquitectura Baars se basa en uso de un espacio de trabajo global (*Global Work Theory* - GWT). Mediante el uso de la GWT, se propone un modelo de flujo de información en el que el procesamiento consciente de la información es cognitivamente eficaz integrando los resultados de los recursos computacionales masivamente paralelos del cerebro. Es en este GWT donde para Baars radica la consciencia que emerge por sinergia, siendo el resto de los procesos realizados por los agentes de manera autónoma, inconscientes [47].

Algunos ejemplos de arquitectura Baars, son LIDA (Learning Intelligent Distribution Agent), CLARION (Connectionist Learning with Adaptive Rule Induction Online), y ACT-R (Adaptive Control of Thought-Rational) que además integra Baars con la teoría del conocimiento declarativo y procedimental, para modelar el razonamiento, la memoria, el aprendizaje y la percepción humanos, en tareas variadas de resolución de problemas.

3.14 Human AI Interaction (HAI)

La interacción natural entre las personas y la IA parte de nuestra propia capacidad cognitiva, e incluye múltiples aspectos como la traducción del lenguaje al contexto cultural del interlocutor, la percepción humana del mensaje transmitido, y el diseño de interacción orientado a facilitar la comunicación entre humanos y máquinas. Para que las máquinas operen de manera independiente tareas delimitadas, o simplemente nos apoyen en la toma de decisiones, primero debemos entender cómo los humanos extraemos conocimiento de nuestra realidad circundante. De esta forma podemos desarrollar algoritmos y arquitecturas capaces de comunicarse de manera eficiente con nosotros.

Nuestra concepción de la ética de las máquinas y nuestro diseño de sistemas interactivos deberían apuntar a minimizar los daños y optimizar los beneficios en las máquinas, en nosotros mismos y en los resultados de nuestras interacciones [80]. De poco sirve diseñar sistemas que proporcionarían resultados óptimos si fueran utilizados solo por operadores humanos perfectamente racionales. Las personas tenemos hábitos cognitivos y sesgos predecibles, además, debemos de tener en cuenta los efectos dinámicos de la interacción entre humanos y la IA, especialmente las posibles formas en las que el trabajo con sistemas automatizados nos cambiará. Nuestro objetivo debería ser diseñar sistemas automatizados que nos ayuden a actuar mejor, incluso desde el punto de vista moral.

4 Investigación, desarrollo e innovación

El acrónimo I+D+i recoge la suma de tres conceptos: investigación, desarrollo e innovación. Cada uno de ellos tiene en la práctica sus peculiaridades. La metodología de investigación en IA sigue en gran medida los principios generales del Método Científico, adaptados a las particularidades y desafíos específicos de este campo, y siguiendo el enfoque riguroso y sistemático necesario para abordar problemas complejos. Nos centraremos aquí y ahora en dar una muy breve aproximación a los pasos e implicaciones del primero de los presentados.

Para comenzar el proceso de investigación, se suele partir de una exhaustiva revisión de la literatura (SLR) para comprender el estado actual del arte y definir claramente el problema a investigar. Es precisamente a este primer paso, al que con el presente prólogo a la IA se pretende aportar un modesto grano de arena, contextualizando resultados, y presentado evidencias que puedan servir como marco de referencia. Posteriormente, tras la inicial revisión general llevada a cabo, se formulan hipótesis que puedan ser testeadas y estén basadas en lo aprendido. El diseño experimental de estas hipótesis se ha de planificar meticulosamente, seleccionando conjuntos de datos representativos, métricas de evaluación y arquitecturas de modelos adecuadas. La implementación entonces se lleva a cabo con un énfasis en la reproducibilidad y la documentación detallada el proceso en su conjunto. La experimentación implica la ejecución de pruebas controladas, y los resultados se analizan críticamente. Esta interpretación de los resultados se realiza en el contexto de contribuciones significativas al conocimiento existente, garantizando en la documentación exhaustiva que se ha de aportar, la transparencia y la revisión por parte de la comunidad científica. La revisión por pares es la práctica estándar en la publicación académica, siendo este un proceso mediante el cual otros expertos en el campo, que son precisamente los pares, evalúan críticamente un manuscrito antes de su publicación en el ámbito científico. Esta revisión por pares garantiza la calidad y la integridad de la investigación. Finalmente, la comunicación efectiva a través de informes técnicos y publicaciones garantiza la contribución y la validación del trabajo en el dinámico campo de la investigación en IA.

Partiendo de la metodología aquí esbozada, la presentación pública de los avances forma parte del proceso de verificación y validación de investigaciones en el campo de la IA. Esto garantiza el rigor científico del trabajo realizado, apoyándose en el hecho de que los expertos en el campo evalúan de manera crítica la metodología en sí, los resultados y las conclusiones, identificando posibles sesgos, errores o limitaciones que pueden haber pasado desapercibidos para los autores. Los revisores han de ofrecer comentarios constructivos que permitan a los investigadores mejorar su trabajo, resultando esto algo fundamental para el desarrollo continuo de la investigación.

Hablamos de las conferencias Darmouth de 1956, como el primer encuentro entre investigadores que marcó un antes y un después en el desarrollo de la IA. De manera periódica, se ha venido manteniendo esta dinámica de intercambio de conocimiento, en eventos como la *Conferencia de la Asociación para el Avance de la Inteligencia Artificial* (AAAI) [24] y la *Conferencia sobre Sistemas Inteligentes* (IJCAI) [25]. Además, las revistas científicas especializadas en IA, como el *Journal of Artificial Intelligence Research* (JAIR) [26] y la revista *AI Magazine* [27], proporcionan un medio para la publicación y el intercambio de investigaciones y avances en el campo. A esto hay que agregar que plataformas en línea, como arXiv [28], GitHub [29] y foros especializados, permiten a los investigadores compartir código, datos y discutir ideas. Estas comunidades contribuyen a la rápida difusión de la información y fomentan la colaboración entre investigadores de todo el mundo.

---

[24] https://aaai.org/
[25] https://www.ijcai.org/
[26] https://www.jair.org/
[27] https://aimagazine.com/
[28] https://arxiv.org/
[29] https://github.com/

4.1 Los retos en investigación

Una amplia variedad de áreas dentro de la IA, plantean desafíos que se proponen como objetivos para que los investigadores y profesionales los aborden y resuelvan.

La IA a menudo tiene dificultades para comprender el contexto y aplicar el sentido común en situaciones cotidianas. La superación paulatina de esta limitación mejorará exponencialmente la capacidad de la IA para emular comprensión de su entorno, y mostrar respuestas de formas que nos parezcan más naturales. Iniciativas como CYC la cual sigue construyendo y manteniendo una ontología extensa del conocimiento humano, que incluyen una gran cantidad de información estructurada que abarca desde hechos básicos hasta conceptos complejos, relaciones y reglas lógicas, marcan un camino no exento de dificultades para superar estos escollos. Recordemos que uno de los objetivos clave de CYC es lograr que las máquinas tengan un entendimiento más profundo y contextual del lenguaje natural y de las situaciones del mundo real. Este conocimiento factual basado en una ontología permitirá también a las máquinas realizar inferencias más avanzadas y tomar decisiones más informadas en entornos complejos. [61]

El desarrollo y la implementación de tecnologías de IA puede ser costosos a nivel de inversión económica, y de huella ecológica generada. Esto puede limitar el acceso a estas herramientas en algunas regiones o para ciertos sectores. De acuerdo con una investigación realizada por la *Universidad de Massachusetts* en 2019, el desarrollo de modelos de IA para el procesamiento del lenguaje natural implica un consumo de energía que resulta en la emisión de 280 toneladas de CO_2. En otras palabras, el entrenamiento de un solo sistema de estos modelos genera emisiones equivalentes a las producidas por cinco vehículos a lo largo de toda su vida útil, incluyendo el proceso de fabricación [81].

La IA plantea también cuestiones éticas relacionadas con la toma de decisiones autónoma, la transparencia, la equidad y la responsabilidad. Los desarrolladores y usuarios deben abordar estas preocupaciones para garantizar que la IA se utilice de manera ética y beneficie a la sociedad en su conjunto. En esta línea, comienza a haber iniciativas públicas que buscan legislar el marco de desarrollo y explotación de la IA.

Vinculado a las cuestiones éticas y legales, la creciente complejidad de los modelos de IA y su integración en sistemas críticos aumenta el riesgo de ataques cibernéticos y vulnerabilidades de seguridad. Proteger los sistemas de IA contra amenazas y garantizar su integridad son tareas importantes que se afrontan desde nuevos planteamientos gracias a los frutos de los diferentes campos de investigación, como los que ofrecen la llamada criptografía post cuántica, o la propia aplicación de la IA en procesos de categorización y respuestas antes amenazas. Fundamental a la hora de categorizar y responder tanto en esta como en otras aplicaciones, es la calidad de los datos utilizados como referencia y entrenamiento. Recalcamos que los modelos de IA dependen en gran medida de que esos datos de entrenamiento sean representativos, diversificados y veraces. La falta de datos de calidad y la representación sesgada impacta negativamente en el rendimiento y la equidad de los modelos, por lo que el entrenamiento de las IAs en lo referente a las técnicas de ingeniería social en ciberseguridad, es un punto necesario que falta por desarrollar [82] .

Por último, a sabiendas de que algunos puntos clave todavía están por definir cabe aquí destacar el reto que supone el desarrollo de la AGI hasta donde sencillamente podamos ser capaces de llegar. Este IA generalizada, capaz de realizar una amplia gama de tareas cognitivas de manera similar a los humanos, con mecanismos propios de la consciencia los cuales podamos emular, potenciar, e incluso mejorar, sigue siendo un desafío [14]. Todavía nos encontramos inmersos en un panorama en el que la mayoría de las implementaciones de IA son específicas para tareas particulares, que no implican mecanismos de consciencia de acceso, o bien que carecen de ellos y por lo tanto tienen un rendimiento demasiado alejado del objetivo marcado por las líneas generales de lo que definimos como Consciencia Artificial.

4.2 Desarrollo e innovación

El desarrollo y potenciación de tecnologías provenientes de la investigación en IA, y la innovación fruto de aplicar dichas tecnologías en múltiples aplicaciones, es motor de progreso de nuestra sociedad. La IA permite la automatización de tareas rutinarias y repetitivas, lo que conduce a una mayor eficiencia en diversas industrias, y libera tiempo y recursos para que las personas se centren en tareas más creativas y gratificantes. También se utiliza para el diagnóstico médico, el descubrimiento de medicamentos, la personalización de tratamientos y la gestión de registros médicos, contribuyendo a una atención médica más eficaz y personalizada. Además, se está utilizando en la educación para personalizar el aprendizaje, proporcionar retroalimentación instantánea a los estudiantes, y facilitar el desarrollo de habilidades clave para el siglo XXI, como el pensamiento crítico y la resolución de problemas. Sumado a esto, en áreas como la gestión de recursos, la agricultura inteligente y la optimización energética contribuye a prácticas más sostenibles y a la mitigación de impactos ambientales, contribuyendo en paralelo al desarrollo de vehículos eléctricos autónomos, y sistemas de gestión de tráfico y optimización de rutas, mejorando la eficiencia y la seguridad. La IA fomenta la creación de nuevas empresas y modelos de negocios al proporcionar herramientas poderosas para la analítica de datos, la toma de decisiones y la automatización de procesos, acelerando la investigación gracias a su capacidad para analizar grandes conjuntos de datos, simular experimentos y descubrir patrones que podrían ser difíciles de identificar mediante métodos tradicionales.

Estos son tan solo algunos de los campos de desarrollo e innovación en los que podemos muy brevemente citar el impacto que la IA está suponiendo, recogidos junto con otros en el *Reglamento de Inteligencia Artificial de la Unión Europea* (UE). Aquí se destaca como la IA contribuye a una economía más innovadora, eficiente, sostenible y competitiva, mejorando al mismo tiempo la seguridad, la educación y la atención sanitaria de los ciudadanos. La intención manifestada por los legisladores de la UE es promover la inversión y la innovación en IA dentro de la UE, y facilitar el desarrollo de un mercado único para las aplicaciones de IA, asegurando una mejor coordinación, así como más redes y sinergias entre los centros europeos de investigación basadas en la excelencia [30].

4.3 Para saber más

La investigación en IA tiene tanto aspectos teóricos como experimentales, abarcando este segundo conceptos básicos y aplicados. Actualmente hay al menos dos líneas principales de investigación. La primera es la biológica, basada en la idea de que, dado que los humanos son inteligentes, la IA debería estudiar a los humanos e imitar su psicología y fisiología, juntas o por separado. La segunda es la fenomenológica, basada entre otros aspectos en el estudio y formalización de hechos de sentido común sobre el mundo y los problemas que el mundo presenta para lograr objetivos. Ambos enfoques interactúan en cierta medida, y ambos deberían tener éxito eventualmente por separado o en conjunto. Aunque parece tratarse de una carrera, en donde ambas partes avanzan a paso desigual, y las más de las veces desincronizado.

Aprender matemáticas, especialmente lógica matemática, ciencia básica como física o biología, psiquiatría y fisiología del sistema nervioso, lenguajes de programación que incluyan al menos C, Lisp y Prolog o incluso un lenguaje máquina ensamblador básico, es una base de conocimiento necesaria para profundizar en el estudio y las investigaciones, partiendo del conocimiento de qué se está haciendo. Es necesario, aunque no suficiente, conocer también los lenguajes en auge como Python, C# y Java, además de las herramientas que las empresas de I+D ofrecen en la mayoría de los casos bajo licencia de código abierto. Recalcamos este necesario, pero no suficiente, antes de repasar alguno de los *frameworks* y bibliotecas especializadas en IA disponibles.

Scikit-Learn es una biblioteca en Python que ofrece herramientas simples y eficientes para análisis de datos y

---

[30] https://www.consilium.europa.eu/es/policies/artificial-intelligence/

modelado estadístico, y que se utiliza comúnmente para tareas de aprendizaje supervisado y no supervisado, así como en minería de datos. **PyTorch** es otra biblioteca popular de aprendizaje profundo, conocida por ser flexible y fácil de usar especialmente en investigación y desarrollo experimental en aprendizaje automático. **TensorFlow** es otra biblioteca de código abierto para aprendizaje automático y redes neuronales, desarrollada por Google. Esta herramienta es ampliamente utilizada en tareas como reconocimiento de imágenes, procesamiento de lenguaje natural y más. **Keras** es una interfaz de alto nivel para redes neuronales que se ejecuta sobre TensorFlow, permitiendo el prototipado rápido de modelos lo que la hace fácil de usar para principiantes en DL. **OpenCV** (*Open Source Computer Vision Library*) es una biblioteca de visión por computadora de código abierto que proporciona herramientas para el procesamiento de imágenes y video. Se utiliza en aplicaciones de visión por computadora y reconocimiento de patrones. **NLTK** es una biblioteca de Python que se utiliza para procesar y analizar datos de lenguaje natural. Es valiosa en tareas como el procesamiento de texto y la creación de modelos de procesamiento del lenguaje natural. **H2O.ai** ofrece plataformas de aprendizaje automático que permiten a las empresas desarrollar modelos predictivos y analizar datos de manera eficiente. **Rasa** es una plataforma de código abierto para la construcción de chatbots y asistentes virtuales impulsados por IA. Esta plataforma se especializa en el procesamiento del lenguaje natural y la comprensión del contexto en las conversaciones. **Watson** es la plataforma de IBM que ofrece una variedad de servicios, desde procesamiento del lenguaje natural hasta análisis de imágenes, y utilizada para construir aplicaciones de IA personalizadas. **Azure AI** proporciona servicios y herramientas de inteligencia artificial en la nube de Microsoft, incluyendo servicios como *Azure Machine Learning* y *Azure Cognitive Services* para diversas aplicaciones. **Amazon SageMaker** ofrece servicio administrado que facilita la construcción, el entrenamiento y la implementación de modelos de aprendizaje automático. **GNOSS Semantic AI Platform**, ofrece una plataforma *open* para el desarrollo de aplicaciones IA Semántica, capaces de leer, integrar, interpretar y enriquecer la información contenida en múltiples orígenes, con independencia de si está o no estructurada, permitiendo construir artefactos cognitivos.

Es también necesario leer continuamente y estar informados sobre las últimas líneas de investigación y resultados. La Asociación Estadounidense de Inteligencia Artificial (AAAI)[31], el Comité Coordinador Europeo de Inteligencia Artificial (ECCAI)[32], la Sociedad de Inteligencia Artificial y Simulación del Comportamiento (AISB)[33], y la Asociación Española para la IA (AEPIA)[34] son sociedades científicas preocupadas por la investigación en IA.

La *International Joint Conferences on Artificial Intelligence Organization* (IJCAI)[35] es la conferencia internacional principal entorno a la IA. También la *Association form the Advancement of Artificial Intelligence* (AAAI7)[36] organiza una conferencia cuyas ponencias publica periódicamente. En cuanto a la IA Semántica el evento de referencia son las *International Conference on Semantic Systems* (Semantics) [37]

Electronic Transactions on Artificial Intelligence[38], *Artificial Intelligence y Journal of Artificial Intelligence Research*[39], además de *IEEE Transactions on Pattern Analysis and Machine Intelligence*[40], y la *Revista Iberoamericana de Inteligencia Artificial* que puede encontrarse publicada en Dialnet[41], son algunas de las principales revistas que publican trabajos de investigación en IA.

A través de la Alianza Europea de IA [42],desde junio de 2018, la Comisión Europea mantiene un diálogo abierto con los ciudadanos, la sociedad civil, las organizaciones empresariales

---

[31] https://www.aaai.org
[32] https://www.aaai.org
[33] https://www.aaai.org
[34] https://www.aepia.org/
[35] https://www.ijcai.org/
[36] https://aaai.org/
[37] https://semantics.cc/
[38] https://www.ida.liu.se/ext/etai/
[39] https://www.jair.org/
[40] https://computer.org/tpami/
[41] https://dialnet.unirioja.es/
[42] https://futurium.ec.europa.eu/en/european-ai-alliance

y de consumidores, los sindicatos, el mundo académico, las autoridades y los expertos, en el marco de su estrategia de IA. Esta estrategia tiene como objetivo aprovechar al máximo las oportunidades que ofrece la IA y abordar los nuevos desafíos que plantea. Comenzando como un foro en línea para discusiones, la AI Alliance se ha convertido en una comunidad con un fuerte dinamismo, que durante los últimos años contribuyó a algunas de las iniciativas más importantes lanzadas en el campo de la IA europea.

La Asociación Española para la Inteligencia Artificial (AEPIA) [43]entidad sin ánimo de lucro fundada en 1983, busca potenciar y fomentar el desarrollo de la IA en España, mediante actividades como su congreso bienal abierto a investigadores para presentar los últimos avances científicos y tecnológicos en IA. Este se celebra desde 2013 junto al Congreso Español de Informática, que organiza por la Sociedad Científica Española de Informática, en este segundo caso con una periodicidad de cuatro años. AEPIA realiza también lo que llama un «Doctoral Consortium» anual, brindando con él a los investigadores predoctorales la oportunidad de intercambiar ideas sobre su tesis doctoral con otros doctorandos e investigadores senior. AEPIA admite socios numerarios, que entre otras ventajas pueden participar en todas las discusiones y eventos organizados, dinamizando así en su conjunto, a toda la comunidad de investigadores.

Unido a lo ya expuesto, conocer cualquiera de las obras de los protagonistas de las investigaciones en la evolución de la IA, ayuda a tener la siempre necesaria perspectiva del problema en el que estamos trabajando. Veremos a continuación un breve listado de esos protagonistas, junto con algunos apuntes de sus contribuciones que puede encontrarse en su mayoría en línea, en forma de libros, artículos, conferencias y entrevistas. Estas contribuciones han impulsado múltiples líneas de investigación hacia nuevas fronteras, a través de las ideas y desarrollos que incluyen. Buscar información ampliada además de la que aquí se ofrece, para validar lo expuesto y adentrase en el estudio de cualquiera de los temas que aquí se presentan y esbozan, resultará de utilidad para todo el que

---

[43] https://www.aepia.org/

desee profundizar en el estudio de la IA, ya sea con fines de investigación pura, capacitación profesional con el cometido de desarrollar nuevas aplicaciones que se beneficien del uso de la IA, o con el propósito de expandir las propias fronteras de conocimiento.

4.3.1 Alan Turing (1912-1954)

El matemático británico Alan Turing realizó contribuciones transcendentales a la Teoría de la Computación y al asentamiento de las bases de la IA. Su propuesta de la *Máquina de Turing*, la cual manipulaba símbolos en una cinta de manera controlada por reglas, es considerada el modelo matemático fundamental y fundacional de la Teoría de la Computación. Este modelo proporcionó el marco conceptual para entender las implicaciones de lo computable, y se convirtió en la base teórica de los sistemas tecnológicos que sustentan el mundo de nuestra era.

Turing propuso su famoso test en su artículo "Computing Machinery and Intelligence" [22], el cual, como hemos visto, es un criterio vigente aún hoy en día para evaluar la inteligencia de un sistema artificial. Según esta prueba, una máquina puede considerarse inteligente si un observador humano no puede distinguir, a través de la interacción, si las respuestas provienen de la máquina o de otro ser humano. Aunque la prueba de Turing es objeto de debate y críticas, sigue siendo relevante en el campo de la IA y plantea preguntas importantes sobre la naturaleza de la inteligencia.

En su artículo "Digital Computers Applied to Games", publicado en el libro "Faster than Thought", editado por B. V. Bowden, Pitman, en Londres en 1953, Turing sentó las bases de los programas posteriores de ajedrez computarizado. Este trabajo pionero estableció los fundamentos para el desarrollo de algoritmos y estrategias que han llevado al ajedrez computarizado a niveles de competencia que rivalizan con los mejores jugadores humanos.

4.3.2 Claude Shannon (1916-2001)

Claude Shannon, conocido como el padre de la teoría de la información, desempeñó un papel crucial en el desarrollo de la IA al establecer conexiones fundamentales entre la teoría de la información en su artículo "*A mathematical theory of communication*".[65] El artículo de Shannon establece los fundamentos matemáticos para la teoría de la información, introduciendo conceptos como la entropía, la redundancia y la capacidad de canal, que son fundamentales para entender cómo se puede medir y cuantificar la información. El desarrollo de los contenidos de este artículo ha influido en la creación de algoritmos de aprendizaje automático y redes neuronales.

En esta línea de influyentes estudios, en su artículo "*Programming a Computer for Playing Chess*", Shannon exploró la idea de cómo una computadora podría jugar al ajedrez, sentando las bases para la investigación en algoritmos de juego y estrategias utilizados en IA. Además, Theseus (1951) fue un hito en la historia de la IA y la robótica, y demostrando que las máquinas pueden ser programadas para aprender y adaptarse a nuevas situaciones, considerándose como uno de los antecedentes del actual aprendizaje automático.

4.3.3 Herbert Simon (1916-2001)

Herbert Simon fue un destacado científico cognitivo y economista que hizo contribuciones fundamentales al estudio de la toma de decisiones humanas. Junto con Allen Newell, desarrolló el modelo de toma de decisiones conocido como "*Human Decision Making*", que influyó en el diseño de sistemas de IA basados en el razonamiento lógico y la resolución de problemas. Además, propuso el concepto de programación heurística, haciendo uso de reglas generales y atajos para resolver problemas complejos de manera eficiente. Simon también estuvo involucrado en la aplicación de la lógica difusa en la toma de decisiones y el razonamiento, y junto con Allen Newell, desarrolló el programa "*General Problem Solver*" en

1957, el cual pretendía simular la capacidad humana para resolver problemas. Esta iniciativa influyó en el desarrollo de arquitecturas cognitivas y en la creación de sistemas que pudieran abordar una variedad de problemas mediante el razonamiento lógico.

4.3.4 Lotfi Zadeh (1921–2017)

Lotfi Zadeh fue un matemático, informático e ingeniero eléctrico conocido por ser el creador de la teoría de conjuntos difusos. Su trabajo en este campo ha tenido importantes repercusiones en la IA y en diversas áreas de la ingeniería y la toma de decisiones. Zadeh introdujo la teoría de conjuntos difusos en la década de 1960 como una forma de modelar la incertidumbre y la imprecisión en la toma de decisiones, siendo los modelos basados en esta teoría ampliamente aplicados para lidiar con la ambigüedad y la falta de precisión en los datos y las reglas. *"Fuzzy Sets and Their Application to Cognitive and Decision Processes"* [58] es su obra de referencia a este respecto.

4.3.5 John McCarthy (1927-2011)

El informático estadounidense John McCarthy es la figura clave en el desarrollo de la IA. A él se la atribuye la creación del término IA, cristalizando su trabajo pionero en la organización de las conferencias Dartmouth en 1956. Estas son consideradas el punto de partida oficial de la IA como un campo de investigación.

Su enfoque en la programación simbólica y la creación del lenguaje de programación Lisp también influyó significativamente en el desarrollo de la IA. La importancia de John McCarthy en la historia de la IA radica en su capacidad para establecer los cimientos teóricos y prácticos que han guiado a generaciones de investigadores y profesionales en este campo en constante evolución.

Durante su extensa carrera como profesor en la Universidad de Stanford, John McCarthy realizó contribuciones fundamentales al campo de la IA, y su trabajo se encuentra ampliamente documentado en la web de Stanford[44]. Esta plataforma ofrece acceso a una vasta colección de artículos de investigación, informes técnicos, notas de cursos, materiales de conferencias y proyectos innovadores como el Advice Taker, además de correspondencia personal y entrevistas. Estos recursos no solo proporcionan una comprensión profunda de sus teorías y metodologías, sino que también sirven como una valiosa fuente de inspiración y referencia para investigadores y estudiantes actuales y futuros en el campo de la IA, perpetuando así su legado y promoviendo el avance continuo de la disciplina.

4.3.6 Marvin Minsky (1927-2016)

Marvin Minsky fue una figura destacada en el desarrollo temprano de la IA y desempeñó un papel fundamental en la formación de esta disciplina como un campo de estudio distintivo. Fue junto con Papert cofundador del Laboratorio de Inteligencia Artificial de MIT (MIT AI Lab), el cual se convirtió en el epicentro para el desarrollo de la IA en sus orígenes. Desde él, Minsky contribuyó a la elaboración de modelos cognitivos y arquitecturas para sistemas inteligentes, explorando en su libro *"Perceptrons"* las limitaciones de ciertos modelos neuronales simples tempranos y fomentando las investigaciones en redes neuronales multicapas posteriores.

Minsky fue un defensor de la simulación del pensamiento humano en máquinas, mediante un enfoque centrado en la emulación de los procesos cognitivos y la comprensión de la inteligencia como una serie de procesos computacionales. En su obra «*La sociedad de la mente*» [6], de 1985, Minsky expone su visión mecanicista de cómo funciona la mente humana, describiendo la inteligencia como el resultado de la interacción de muchas partes no inteligentes por sí mismas, pero que en conjunto por sinergia lo son. En «*La máquina de*

---

[44] http://jmc.stanford.edu/

las emociones» [7] ,de 2006, amplía su teoría al área de las emociones y los sentimientos, que para él son el resultado de diferentes niveles de procesado, llegando a afirmar que *"Las emociones no son más que una forma concreta de resolver problemas. Por ejemplo, cuando uno elige estar enfadado es para resolver un problema muy deprisa y dejarse llevar"*.

4.3.7 Allen Newell (1927-1992)

Newell fue un defensor de la representación del conocimiento mediante reglas de producción en sistemas expertos, enfoque se convirtió en una técnica clave en el diseño de estos sistemas, que utilizan reglas lógicas para emular el razonamiento humano en dominios específicos. Desarrolló junto con Herbert Simon el *"Logic Theorist"* en 1956, un programa que podía demostrar teoremas en lógica de primer orden, que es considerado uno de los primeros programas de IA que se desarrolló y aplicó con éxito, siendo capaz de exhibir un comportamiento inteligente propio de humanos.

4.3.8 Seymour Papert (1928-2016)

Seymour Papert, destacado matemático, educador y científico de la computación, desempeñó un papel crucial en el desarrollo de la Inteligencia Artificial (IA), especialmente en relación con el aprendizaje y la educación. En la década de 1960, Papert co-creó el lenguaje de programación educativo Logo, diseñado para enseñar conceptos matemáticos y de programación de manera lúdica. Invitado en 1963 a unirse al Massachusetts Institute of Technology (MIT), fundó junto con Marvin Minsky el Instituto de Inteligencia Artificial y fue coautor del influyente libro "Perceptrons".

Además, Papert desarrolló la teoría del constructivismo, que enfatiza el papel activo del estudiante en la construcción de su propio conocimiento. Estas ideas han tenido un impacto significativo en la forma en que se concibe la educación en el contexto de la IA, moldeando enfoques pedagógicos que integran tecnología y aprendizaje activo.

4.3.9 Noan Chomsky (1928 -)

Noam Chomsky es junto con Ferdinand De Saussure uno de los más influyentes lingüistas, que han realizado contribuciones a la teoría lingüística y de la cognición, teniendo ambas disciplinas gran influencia y utilidad en el campo de la IA. Chomsky propuso la teoría de las gramáticas generativas y transformacionales, que describe la estructura de las oraciones en los lenguajes naturales. Esta teoría ha influido en la modelación computacional del procesamiento del lenguaje natural (NLP), y especialmente en la creación de algoritmos para analizar y generar texto. Chomsky ha propuesto también dentro de las teorías de la cognición, la idea de que la mente humana opera mediante módulos especializados para diferentes funciones cognitivas. Esta es una constante que podemos encontrar en varios autores, como Steven Pinker, Jerry Dofor, Elizabeth Spelke,

Este enfoque modular ha influido en la forma en que múltiples aproximaciones a la IA abordan la construcción de sistemas inteligentes, al descomponerlos en diferentes módulos especializados gobernados por agentes.

4.3.10 Karen Sparck Jones (1935 – 2007)

Karen Sparck Jones fue una destacada científica de la computación británica, pionera en la aplicación de técnicas estadísticas al campo de la recuperación de información. Desarrolló modelos que utilizaban estadísticas para evaluar la relevancia de los documentos en función de la ocurrencia de palabras clave, sentando las bases para enfoques más modernos basados en la probabilidad y el aprendizaje automático. Con su trabajo introdujo el concepto de índices inversos, los cuales proporcionan una estructura de datos esencial en los sistemas de recuperación de información. Además, propuso métodos de ponderación de términos que asignan pesos a las palabras clave según su importancia relativa en un documento. Con ello contribuyó al desarrollo de técnicas para el procesamiento del lenguaje natural (NLP), incluyendo la desambiguación léxica y la resolución de la polisemia. Sus investigaciones ayudaron así a mejorar la comprensión de las máquinas sobre el lenguaje humano, un aspecto crucial en la construcción de sistemas de búsqueda y recuperación de información más efectivos. *"Automatic Keyword Classification for Information Retrieval"* [77] ,de 1971, es su libro de referencia en este campo de investigación.

4.3.11 Pentti Haikonen (1940 -)

Pentti Haikonen es un científico de la computación y experto IA que ha realizado varias contribuciones en el campo. Sus investigaciones se han centrado en áreas como la cognición artificial y la consciencia en máquinas. Haikonen ha propuesto modelos de cognición artificial basados en redes neuronales, con el objetivo de desarrollar sistemas que se asemejen más al funcionamiento del cerebro humano. Haikonen ha explorado también cómo las máquinas podrían ser diseñadas para reconocer y entender las emociones humanas, trabajando en la aplicación práctica de sus teorías en robótica, buscando desarrollar robots más inteligentes y capaces de interactuar de manera efectiva con su entorno y con humanos. *"Consciousness And Robot Sentience"* [35] es el libro que recoge el fruto de sus investigaciones.

4.3.12 John Koza (1944 -)

John Koza es un defensor acérrimo de la aplicación de algoritmos genéticos a la resolución de problemas complejos. Recordemos, los algoritmos genéticos son técnicas de optimización basadas en la evolución biológica, donde se utilizan operadores genéticos como selección, cruce y mutación con el objetivo de evolucionar soluciones hacia resultados óptimos. Koza ha aplicado con éxito la programación genética para la evolución automática de software, y podemos encontrar información sobre este campo en su influyente libro *"Genetic Programming: On the Programming of Computers by Means of Natural Selection"* [64].

4.3.13 Geoffrey Hinton (1947-)

Geoffrey Hinton, apodado como uno de los padrinos del aprendizaje profundo, junto con Yoshua Bengio y Yann LeCun, ha trabajado en el desarrollo y refinamiento del algoritmo de retropropagación para entrenar redes neuronales, siendo su campo de investigación y trabajo el del uso de redes neuronales profundas para abordar problemas complejos en el ámbito del aprendizaje automático. Hinton ha contribuido significativamente al desarrollo de las llamadas *"Restricted Boltzmann Machines"* (RBM), una máquina de Boltzmann restringida es una red neuronal artificial estocástica generativa que puede aprender una distribución de probabilidad sobre su conjunto de entradas. Las RBM son componentes utilizados en la construcción de arquitecturas más grandes, y podemos profundizar en el estudio de esta tecnología en su libro *"Unsupervised Learning: Foundations of Neural Computation"*

4.3.14 Raymond Kurzweil (1948 –)

Raymond Kurzweil es un inventor y empresario conocido por sus contribuciones en múltiples campos. En 1974 su empresa *Kurzweil Computer Products Inc.* creo el crearon el primer OCR comercial para cualquier tipo de fuente, constituyendo esto un hito en el campo de la visión artificial. Esta tecnología era capaz de leer en voz alta el texto reconocido, por lo que también supuso un avance importante en las tecnologías de *Human Computer Interaction* (HCI). Kurzweil vendió la empresa de computación a Xerox, y creó en 1982 la Kurzweil Music Systems, dedicándose a crear y comercializar una exitosa gama de sintetizadores.

En colaboración con Google, en 2009 Kurzweil anunció la creación de la *Universidad de la Singularidad*, con el objetivo de montar, educar e inspirar un cuadro de líderes que se esfuercen en comprender y facilitar el desarrollo de tecnologías de avance exponencial, y así enfocar y guiar estas herramientas para dirigir los grandes retos de la humanidad.

En sus libros "The singularity is near" [14] y "*How to créate a mind*" [13], Kurzweil ha popularizado conceptos complejos relacionados con la IA, la biotecnología y la consciencia.

4.3.15 Inc. Douglas Lenat (1950 – 2023)

El matemático y físico Douglas Lenat fundó el proyecto CYC en 1984 con el objetivo de construir una base de conocimientos computacional amplia y profunda que reflejara el sentido común humano. CYC es un proyecto ambicioso que busca dotar a las máquinas de un conocimiento más parecido al conocimiento humano, lo que implica una comprensión más profunda y contextual de la información. La investigación de Lenat se centró en el razonamiento de sentido común, que es un desafío clave en el campo de la IA, por su vinculación con que esta pueda interactuar de manera más natural con los usuarios y comprender el mundo de una manera más humana. Los fundamente de este proyecto de largo plazo pueden leerse en su libro *Building Large Knowledge-Based Systems: Representation and Inference in the Cyc Project*[83]

4.3.16 Tim Berners-Lee (1955 -)

Tim Berners-Lee es un científico de la computación británico y el inventor de la World Wide Web. Su trabajo inicial y más destacado se ha centrado en la creación de la web y sus estándares[45], siendo de esta forma su influencia en la IA indirecta, pero decisiva. La disponibilidad que proporciona la web es esencial para muchos enfoques de la IA, ya que los algoritmos de aprendizaje automático y otras técnicas a menudo requieren grandes cantidades de datos para entrenar modelos efectivos. La existencia de hipervínculos y la capacidad de navegar fácilmente entre diferentes recursos en la web han facilitado la creación de grandes conjuntos de datos interconectados, lo que ha influido en el desarrollo de técnicas de minería de datos y análisis de red.

---

[45] https://www.w3.org/

Tim Berners-Lee ha abogado por la idea de la web semántica, que busca añadir significado y contexto a los datos en la web. La web semántica es relevante para la IA, ya que aporta el conjunto de tecnologías que sustentan en núcleo la IA Semántica facilitando y el procesamiento automático del conocimiento.

4.3.17 Peter Norvig (1956 -)

Peter Norvig es el director de investigación en Google. Antes de unirse a Google, Norvig fue el científico jefe en Powerset, una empresa de tecnología en PLN que luego fue adquirida por Microsoft. También es coautor del popular libro de texto *"Artificial Intelligence: A Modern Approach"* [8] junto con Stuart Russell, que se utiliza ampliamente en universidades de todo el mundo.

Peter Norvig es reconocido por su experiencia en áreas como algoritmos de búsqueda, aprendizaje automático y representación del conocimiento. Su trabajo ha tenido un impacto sustancial en el desarrollo y la comprensión de las tecnologías de la IA.

4.3.18 Yann LeCun (1960 -)

Yann LeCun junto con Geoffrey Hinton y Yoshua Bengio, es considerado por la comunidad científica uno de los padrinos del DL. Yann LeCun ha trabajado intensamente en el campo de las redes neuronales convolucionales (CNN), un tipo de arquitectura de red neuronal que ha demostrado ser altamente eficiente en tareas de visión por computadora y procesamiento de imágenes. LeCun desarrolló la arquitectura *LeNet*, una de las primeras redes neuronales convolucionales, diseñada específicamente para el reconocimiento de caracteres manuscritos. Esta arquitectura sentó las bases para desarrollos posteriores teniendo un impacto significativo en el campo de la visión artificial.

En 2019 LeCun ganó el *Turing Award*, otorgado por la *Association for Computing Machinery* (ACM) en reconocimiento a contribuciones excepcional establecido en 1966 y se ha otorgado anualmente desde 1969 es en el campo de la informática y la ciencia de la computación. El *Turing Award* se considera uno de los más altos honores en el campo de la informática y es ampliamente reconocido como el equivalente al Premio Nobel en esta disciplina. Consultar la lista de premiados por con este reconocimiento, sus contribuciones y sus obras, es altamente recomendable en nuestro objetivo de tener una perspectiva sobre el estado de evolución de la IA y lo que cabe esperar de ella[46].

4.3.19 Jürgen Schmidhuber (1963 -)

El Dr. Jürgen Schmidhuber, doctor rerum naturalium por la Universidad de Múnich, es ampliamente reconocido por sus contribuciones significativas al campo de la Inteligencia Artificial (IA), específicamente en el aprendizaje automático (ML). Schmidhuber ha trabajado extensamente en el desarrollo de arquitecturas de redes neuronales recurrentes (RNN), proponiendo la idea de que el aprendizaje eficiente consiste en encontrar representaciones compactas o compresiones de datos. Es decir, el aprendizaje busca simplificar y reducir la complejidad de la información, una premisa fundamental también en el campo del aprendizaje por refuerzo.

Junto con Sepp Hochreiter, Schmidhuber desarrolló las Long Short-Term Memory (LSTM), una arquitectura de red neuronal recurrente diseñada para superar los problemas de desvanecimiento de gradiente en el aprendizaje de secuencias a largo plazo. Esta innovación ha sido crucial para el avance en tareas que requieren memoria a largo plazo.

Además, Schmidhuber es un firme defensor de la creación de máquinas superinteligentes y ha realizado investigaciones pioneras en la comprensión teórica de la IA. Sus numerosos artículos sobre el estado del arte de las investigaciones

---

[46] https://amturing.acm.org/

pueden consultarse para obtener detalles exhaustivos sobre su labor de investigación [47].

4.3.20 Yohua Bengio (1964 -)

Yoshua Bengio junto con Geoffrey Hinton y Yann LeCun, es considerado por la comunidad científica uno de los padrinos del Deep Learning, recibiendo por us contribución del premio Turing de 2018. Bengio dirige el MILA (*Montreal Institute for Learning Algorithms*) y es codirector del proyecto *Learning in Machines & Brains* del *Canadian Institute for Advanced Research*. Además, en 2016, Bengio cofundó Element AI, una incubadora de inteligencia artificial con sede en Montreal enfocada al desarrollo de aplicaciones de IA.

No hay una sola aportación concreta a la IA que podamos destacar de Bengio, si bien la mayoría de ellas están relacionas con investigación en DL. El índice de Hirsch o h-index, es una métrica que se utiliza para evaluar la productividad y el impacto de la investigación de un científico o autor académico. El índice h se basa en la cantidad de trabajos publicados por un autor y la cantidad de citas que reciben esos trabajos, con lo cual, si un autor tiene un índice h de 10, significa que ha publicado al menos 10 artículos que han sido citados al menos 10 veces cada uno. Esta es una medida que busca equilibrar la cantidad de artículos y su impacto, proporcionando una visión más completa de la influencia de un autor en el campo de investigación. El *AD Scientific Index*[48] 2024, sitúa a Bengio en lo alto a nivel mundial respecto al impacto de sus publicaciones, en un rango en el que solo hay un 3% de investigadores.

4.3.21 David Chalmers (1966 -)

El matemático David Chalmers es conocido por su formulación del problema difícil o duro (*hard problem*) de la consciencia en filosofía de la mente. Este problema destaca la aparente

---

[47] https://link.springer.com/book/10.1007/978-3-642-22887-2
[48] https://www.adscientificindex.com/

brecha entre los aspectos físicos y subjetivos de la experiencia consciente. Aunque no está directamente relacionado con la IA, sus ideas han influido en debates sobre la posibilidad de crear máquinas conscientes. Chalmers ha explorado en profundidad la naturaleza de la experiencia subjetiva y ha formulado la noción de «zombis» en este ámbito, los cuales tienen funciones cognitivas, pero carecen de experiencia consciente. Este tipo de reflexiones influyen en las discusiones éticas sobre la creación de IA con capacidades avanzadas, y pueden consultarse en su libro "Availability: The cognitive basis of experience" [45]

4.3.22 Cynthia Breazeal (1967 -)

Cynthia Breazeal fue la creadora de *Kismet*, un robot social diseñado para interactuar de manera natural con los humanos, que puede reconocer y simular emociones. Kismet fue uno de los primeros robots que incorporó expresiones faciales y movimientos para comunicarse de manera efectiva con las personas, sentando las bases la investigación en robótica social y la interacción natural entre humanos y máquinas. Además, Breazeal fundó Jibo, Inc., una empresa que desarrolló uno de los primeros robots sociales para el hogar. Jibo interactuaba con las personas de una manera amigable y natural, utilizando el lenguaje corporal y la comunicación verbal. Aunque la empresa cerró en 2018, Jibo marcó un hito en la creación de robots sociales para uso doméstico. Breazal muestra su posicionamiento respecto a la IA y la robótica en su libro "*Designing Sociable Robots*" [84]

4.3.23 Antonio Torralba (1971 -)

El ingeniero español Antonio Torralba ha sido codirector del laboratorio *MIT-IBM Watson AI Lab* del Instituto Tecnológico de Massachusetts (MIT) y es el director inaugural del ambicioso *MIT Quest For Intelligence*, una iniciativa del MIT que busca abordar algunos de los desafíos más grandes en la comprensión de la inteligencia humana y en el desarrollo de la IA. Este proyecto multidisciplinario reúne a expertos de diversas áreas, como ciencias de la computación, neurociencia, ingeniería, psicología y más, para colaborar en la investigación y exploración de la inteligencia en todas sus formas. Como director de la nueva Facultad de Inteligencia Artificial y Toma de Decisiones (la AI+D Faculty) dedica parte de su tiempo a la investigación en el laboratorio de Ciencias de la Computación e Inteligencia Artificial del MIT (CSAIL). El CSAIL realiza investigaciones en una amplia variedad de áreas, desde algoritmos y teoría de la computación hasta IA, robótica, sistemas distribuidos, sentido del tacto artificial y visión por computadora entre otros. Su libro *"Foundations of Computer Vision"* [78] recoge la parte de su trabajo relativa a la visión artificial.

Según sus palabras sobre la formación en IA, **no se trata de coger asignaturas de aquí y allí y combinarlas, sino de definir cuáles son los fundamentos que tiene que conocer un investigador o ingeniero en este ámbito y en qué disciplinas se debe ir especializando, sin poner como condición que tengan que ser asignaturas preexistentes.** De esto precisamente se ha tratado aquí; de exponer los fundamentos y abrir las vías hacia los recursos necesarios para que el lector pueda profundizar y especializarse, obviando que muchos de los temas prestados no forman parte de la formación de ningún plan de estudio curricular vigente.

4.3.24 Demis Hassabis (1976 -)

Denis Hassabis cofundó DeepMind Technologies[49] en 2010, una empresa de IA propiedad de Google, que tiene el objetivo de avanzar en el aprendizaje automático y construir sistemas capaces de aprender de manera similar a los humanos. La empresa se destacó rápidamente por sus logros en áreas como el reconocimiento de voz, el juego y la visión por computadora. Uno de los mayores logros de DeepMind bajo el liderazgo de Hassabis fue el desarrollo de AlphaGo, un programa de IA que demostró habilidades sobresalientes en el juego de Go. Hassabis además aboga por la consideración ética en el desarrollo y despliegue de la IA participando en

---

[49] https://deepmind.google/

discusiones sobre la importancia de abordar preocupaciones éticas, de privacidad y de seguridad en el avance de la tecnología.

4.3.25 Andrew Ng (1976 -)

Andrew Ng es conocido por su papel en la creación de cursos en línea masivos y abiertos (MOOC, por sus siglas en inglés) sobre aprendizaje automático. El curso "*Machine Learning*" que ofreció a través de la plataforma Coursera [50] es especialmente popular y ha proporciona formación especializa en este campo a una gran cantidad de estudiantes de todo el mundo, convirtiéndose en un recurso fundamental para aquellos que buscan aprender sobre ML. Ng desempeñó además un papel clave en el desarrollo de *TensorFlow*, la popular biblioteca de código abierto para ML y desarrollo de modelos de IA. Además, es uno de los cofundadores del proyecto *Google Brain*, un equipo de investigación de inteligencia artificial en Google. El equipo ha trabajado en diversos proyectos, incluyendo el desarrollo de algoritmos de DL y la aplicación de la IA en productos y servicios de Google.

4.3.26 Asunción Gómez-Pérez (1967 -)

La Catedrática de Ciencias de la Computación en IA de la Universidad Politécnica de Madrid, y "q" de la Real Academia Española (RAE), ha realizado múltiples contribuciones en el ámbito de la Ingeniería Ontológica, las cuales parten de sus estudios en *Knowledge Systems Laboratory* de la Universidad Stanford, siendo la creadora del primer grupo de investigación a este respecto en la escuela de informática de la UPM, el *Ontology Engineering Group* (OEG). Goméz-Pérez en 2015 inauguró el nuevo portal de datos abiertos de la Biblioteca Nacional de España (BNE), que permite nuevas formas de acceso a los catálogos y a los documentos de la BNE utilizando tecnologías semánticas [51]. Parte de los resultados de las

---

[50] https://www.coursera.org/collections/machine-learning
[51] https://datosabiertos.bne.es/

investigaciones de Gómez-Pérez, puede consultarse entre otros en su libro "*Ontological engineering: with examples from the areas of knowledge management*" [76].

4.3.27 Fei-Fei Li (1976 -)

La profesora de Ciencias de la Computación en la Universidad de Stanford Fei-Fei Li, ha desempeña un papel clave en el desarrollo del conjunto de datos *ImageNet*, que es uno de los conjuntos de datos más grandes y utilizados en el campo de la visión por computadora y el aprendizaje profundo. El conjunto de datos ha sido fundamental para el avance de algoritmos de clasificación de imágenes. Además, Li fue una de las organizadoras del Desafío de Clasificación de Imágenes de *ImageNet*, que acelera el progreso en el campo. Su trabajo tiene un impacto significativo en el avance de la Visión Artificial y el DL, así como en la promoción de la ética y la diversidad en la comunidad de la inteligencia artificial, y puede consultarse en sulibro "*The worlds I see: curiosity, exploration, and Discovery at the dawn od AI*" [85]

4.3.28 David Gamez (1976 -)

El profesor David Gamez, de la Middlesex University London, aborda el estudio científico de la consciencia como una búsqueda de teorías matemáticas que establezcan un vínculo entre las mediciones de la consciencia y las del mundo físico. Según él, podemos utilizar la Inteligencia Artificial (IA) para descubrir estas teorías, que podrían hacer predicciones precisas sobre la consciencia en humanos, animales y sistemas artificiales. En su libro "Human and Machine Consciousness" [41], Gamez ofrece ideas originales sobre experiencias conscientes inusuales, como alucinaciones, experiencias religiosas y estados extracorporales, y explora cómo se podrían crear estados de conciencia diseñados en el futuro..

Bibliografía

[1] J. R. Searle, *Minds, brains and science*, 13. print. en Reith lectures, no. 1984. Cambridge, Mass: Harvard Univ. Pr, 2003.

[2] I. Asimov, *The subatomic monster*, 1. ed. en Science essay collections. Garden City, NY: Doubleday, 1985.

[3] J. Copeland, *Inteligencia artificial: una introducción filosófica*. Madrid: Alianza, 1996.

[4] *Tractatus logico-philosophicus*, 3ª ed., 9ª reimp. Madrid: Alianza Editorial, 2022.

[5] J. McCarthy, «What is Artificial Intelligence?», *Stanford University*, 2007.

[6] M. L. Minsky, *The society of mind*. New-York: Simon and Schuster, 1988.

[7] M. Minsky, *The emotion machine: commonsense thinking, artificial intelligence, and the future of the human mind*. New York: Simon & Schuster, 2006.

[8] S. Russell y P. Norvig, *Inteligencia Artificial*, 2.ª ed. 2004.

[9] «A definition of Artificial Intelligence: main capabilities and scientific disciplines | Shaping Europe's digital future». Disponible en: https://digital-strategy.ec.europa.eu/

[10] T. Rob, «La escalera de IA Desmitificación de los desafios de la IA.pdf», 2019.

[11] J. Landgrebe y B. Smith, *Why machines will never rule the world: artificial intelligence without fear*. New York, NY: Routledge, 2023.

[12] T. R. Gruber, «A translation approach to portable ontology specifications», *Knowledge Acquisition*, vol. 5, n.º 2, pp. 199-220, 1993, doi: 10.1006/knac.1993.1008.

[13] R. Kurzweil, *How to create a mind: the secret of human thought revealed*. New York, NY: Penguin Books, 2013.

[14] R. Kurzweil, *The singularity is near: when humans transcend biology*. New York, NY: Penguin Books, 2006.

[15] J. Pearl, *Causality : models, reasoning, and inference*. Cambridge [England]: Cambridge university press, 2000.

[16] D. R. Hofstadter, *Gödel, Escher, Bach: an eternal golden braid*, 20th-anniversary ed., [Repr.] ed. New York: Basic Books, 20.

[17] A. Lovelace y J. Krysa, *Ada Lovelace*. en 100 notes - 100 thoughts, no. 55. Ostfildern: Hatje Cantz, 2011.

[18] J. E. Hopcroft, J. D. Ullman, y R. Motwani, *Introducción a la teoría de autómatas, lenguajes y computación*, 3ª ed. Madrid: Pearson Educación, 2010.

[19] M. Mori, K. F. MacDorman, y N. Kageki, «The Uncanny Valley [From the Field]», *IEEE Robotics & Automation Magazine*, vol. 19, n.º 2, pp. 98-100, jun. 2012, doi: 10.1109/MRA.2012.2192811.

[20] M. L. Minsky y S. A. Papert, *Perceptrons: an introduction to computational geometry*, 5th, expanded ed ed. Cambridge, Mass.: MIT Press, 1990.

[21] N. Wiener, *Cybernetics or control and communication in the animal and the machine*, 2. ed., 10. print. Cambridge, Mass: MIT Press, 1948.

[22] A. Turing, «Computing Machinery and intelligence», *Mind*, vol. LIX, n.º 236, pp. 433-460, 1950, doi: 10.1093/mind/LIX.236.433.

[23] S. Bringsjord, P. Bello, y D. Ferrucci, «Creativity, the Turing Test, and the (Better) Lovelace Test», *Minds and Machines*, vol. 11, jun. 2000, doi: 10.1023/A:1011206622741.

[24] C. E. Shannon, «Prediction and entropy of printed English», *The Bell System Technical Journal*, vol. 30, n.º 1, pp. 50-64, ene. 1951, doi: 10.1002/j.1538-7305.1951.tb01366.x.

[25] J. Arévalo, «*Breve historia de la informática y las computadoras*». Asociación de Ingenieros Industriales de La Rioja, 2009.

[26] J. McCarthy, «Chess as the Drosophila of AI», en *Computers, Chess, and Cognition*, T. A. Marsland y J. Schaeffer, Eds., New York, NY: Springer New York, 1990, pp. 227-237. doi: 10.1007/978-1-4613-9080-0_14.

[27] T. A. Marsland y J. Schaeffer, *Computers, chess, and cognition*. New York: Springer-Verlag, 2012.

[28] C. Shannon, «Programming a Computer for Playing Chess», en *Computer Chess Compendium*, D. Levy, Ed., New York, NY: Philosophical Magazine. volume 41, 1950, pp. 2-13. doi: 10.1007/978-1-4757-1968-0_1.

[29] J. Weizenbaum, Ed., *Computer Power and Human Reason*. W. H. FREEMAN AND lOMPANY, 1976.

[30] M. J. Lighthill y M. Y. Hussaini, *Collected papers of Sir James Lighthill*. New York: Oxford University Press, 1997.

[31] K. Fukushima, «Neocognitron: A hierarchical neural network capable of visual pattern recognition», *Neural Networks*, vol. 1, n.º 2, pp. 119-130, ene. 1988, doi: 10.1016/0893-6080(88)90014-7.

[32] D. H. Freedman, *Los hacedores de cerebros: cómo los científicos están perfeccionando las computadoras, creando un rival del cerebro humano*, 2nd ed. Barcelona: Editorial Andres Bello, 1996.

[33] F. Chollet, *Deep learning with Python*. Shelter Island, New York: Manning Publications Co, 2018.

[34] *Deep thinking: donde termina la inteligencia artificial y comienza la creatividad humana*, Primera edición: Teell Editorial, S.L., 2018. Zaragoza: Teell, 2018.

[35] P. O. Haikonen, *Consciousness and robot sentience*, Second edition. en Series on machine consciousness, no. vol. 4. Singapore Hackensack, NJ London: World Scientific, 2019.

[36] N. Singh y P. Ahuja, *Fundamentals of Deep Learning and Computer Vision*. Delhi: BPB Publications, 2020.

[37] A. Vaswani *et al.*, «Attention Is All You Need». arXiv, 5 de diciembre de 2017. Accedido: 18 de julio de 2023. [En línea]. Disponible en: http://arxiv.org/abs/1706.03762

[38] D. Rothman, *Transformers for natural language processing: build, train, and fine-tune deep neural network architectures for NLP with Python, Hugging Face, and OpenAI´s GPT3, ChatGPT, and GPT-4*, Second edition. en Expert Insight. Birmingham Mumbai: Packt, 2022.

[39] C. G. Jung, *Los complejos y el inconsciente*, Tercera edición. Madrid: Alianza Editorial, 2021.

[40] IEEE Neural Networks Council, Ed., *Proceedings / The 1997 IEEE International Conference on Neural Networks, June 9-12, 1997, Westin Galleria Hotel Houston, Texas, USA*. Piscataway, NJ: IEEE Service Center, 1997.

[41] D. Gamez, *Human and machine consciousness*. Cambridge: Open Book Publishers, 2018.

[42] F. Faggin, *Silicon: from the invention of the microprocessor to the new science of consciousness*, First printing. Cardiff, CA: Waterside Productions, 2021.

[43] T. Nagel y U. Diehl, *What is it like to be a bat? englisch/deutsch = Wie ist es, eine Fledermaus zu sein?*, 6. Auflage 2022. en Reclams Universal-Bibliothek, no. Nr. 19324. Ditzingen: Reclam, 2016.

[44] R. Penrose, *La nueva mente del emperador*. [Place of publication not identified: publisher not identified], 2015.

[45] D. J. Chalmers, «Availability: The cognitive basis of experience», *Behavioral and Brain Sciences*, vol. 20, n.º 1, pp. 148-149, mar. 1997, doi: 10.1017/S0140525X97240057.

[46] E. R. Kandel, *In search of memory: the emergence of a new science of mind*. New York: Norton, 2007.

[47] B. J. Baars, *A cognitive theory of consciousness*, Reprinted. Cambridge: Cambridge University Press, 1995.

[48] D. C. Dennett, *Consciousness explained*, 1. paperback ed. en Back bay books. Boston: Little, Brown, 1991.

[49] J. R. Searle, *The rediscovery of the mind*. en Representation and mind. Cambridge, Mass: MIT Press, 1992.

[50] N. Block y N. Block, *Consciousness, function, and representation*. en Collected papers / Ned Block, no. vol. 1. Cambridge, Mass.: MIT Press, 2007.

[51]   R. Sun, *Duality of the mind: a bottom-up approach toward cognition*. Mahwah, N.J: L. Erlbaum Associates, 2002.

[52]   J. McCarthy y V. Lifschitz, *Formalizing common sense: papers by John McCarthy*. en intellect Books. Exeter: Intellect, 1998.

[53]   T. Jackson, Ed., *Ingeniería: una historia ilustrada desde la artesanía antigua a la tecnología moderna*. Alcobendas, Madrid: Editorial LIBSA, 2020.

[54]   D. I. A. Cohen, *Introduction to computer theory*, 2. ed. New York, NY: Wiley, 1997.

[55]   A. N. Whitehead y B. Russell, *Principia mathematica*, Repr. Cambridge: Univ. Pr, 1910.

[56]   G. Boole, *An Investigation of the Laws of Thought: On Which Are Founded the Mathematical Theories of Logic and Probabilities*. Cambridge: Cambridge University Press, 2009.

[57]   B. Russell, *El conocimiento humano*. Esplugues de Llobregat, Barcelona: Orbis, 1984.

[58]   L. A. Zadeh, «Fuzzy sets», *Information and Control*, vol. 8, n.º 3, pp. 338-353, jun. 1965, doi: 10.1016/S0019-9958(65)90241-X.

[59]   M. E. McCloskey y S. Glucksberg, «Natural categories: Well defined or fuzzy sets?», *Memory & Cognition*, vol. 6, n.º 4, pp. 462-472, 1978, doi: 10.3758/BF03197480.

[60]   A. Malpass y M. A. Marfori, Eds., *The history of philosophical and formal logic from Aristotle to Tarski*, Paperback edition first published. London Oxford New York NY New Delhi Sydney: Bloomsbury Academic, an imprint of Bloomsbury Publishing, Plc, 2018.

[61]   R. Elio, Ed., *Common sense, reasoning, & rationality*. en New directions in cognitive science. New York: Oxford University Press, 2002.

[62]   *Computación cuántica: circuitos y algoritmos*. Barcelona: Marcombo, 2023.

[63]   S. Edelkamp y S. Schrödl, *Heuristic search: theory and applications*. Amsterdam Boston: Morgan Kaufmann, 2012.

[64]   J. R. Koza, *Genetic programming: on the programming of computers by means of natural selection*. en Complex adaptive systems. Cambridge, Mass: MIT Press, 1992.

[65]   C. E. Shannon, «A mathematical theory of communication», *The Bell System Technical Journal*, vol. 27, n.º 3, pp. 379-423, jul. 1948, doi: 10.1002/j.1538-7305.1948.tb01338.x.

[66]   L. Schäfers, *Parallel Monte-Carlo tree search for HPC systems and its application to computer go*. Berlin: Logos Verlag, 2014.

[67]   E. J. Carmona Suárez, *Fundamentos de la computación evolutiva*. Barcelona: Marcombo, 2020.

[68]   A. Silberschatz, H. F. Korth, y S. Sudarshan, *Database system concepts*, 6th ed. New York: McGraw-Hill, 2011.

[69] C. C. Aggarwal, *Neural networks and deep learning: a textbook,* Second Edition. Cham: Springer International Publishing AG, 2023.

[70] W. Gibaut *et al.,* «Neurosymbolic AI and its Taxonomy: a survey», 2023, doi: 10.48550/arXiv.2305.08876.

[71] T. M. Mitchell, *Machine learning,* Indian edition. en McGraw-Hill series in Computer Science. Chennai New York St Louis [u.a]: McGraw-Hill Education (India) Private Limited, 2013.

[72] M. Barceló García, *Inteligencia artificial.* El Cid Editor, 2014.

[73] «In-Depth Guide to Quantum Artificial Intelligence in 2023». [En línea]. Disponible en: https://research.aimultiple.com/quantum-ai/

[74] T. Berners-Lee, «The Semantic Web», 2001.

[75] J. Barrasa, A. E. Hodler, y J. Webber, «Knowledge Graphs».

[76] A. Gómez-Pérez, M. Fernández-López, y O. Corcho, *Ontological engineering: with examples from the areas of knowledge management, e-commerce and the Semantic Web / Asunción Gómez-Pérez, Mariano Fernández-López, and Oscar Corcho.* Springer, 2004.

[77] K. Sparck Jones, *Automatic keyword classification for information retrieval.* London: Butterworths, 1971.

[78] Antonio Torralba, *Foundations of Computer Visions.* S.l.: MIT PRESS, 2024.

[79] P. J. Smith y R. R. Hoffman, Eds., *Cognitive systems engineering: the future for a changing world.* en Expertise : research and applications. Boca Raton: CRC Press, Taylor & Francis Group, CRC Press is an imprint of the Taylor & Francis Group, an informa business, 2018.

[80] J. I. Latorre, *Ética para máquinas,* Primera edición. Barcelona: Ariel, 2019.

[81] «Energy and Policy Considerations for Deep Learning in NLP». [En línea]. Disponible en: https://arxiv.org/abs/1906.02243

[82] S. Andrews, S. Polovina, R. Hill, y B. Akhgar, Eds., *Conceptual Structures for Discovering Knowledge: 19th International Conference on Conceptual Structures, ICCS 2011, Derby, UK, July 25-29, 2011. Proceedings,* vol. 6828. en Lecture Notes in Computer Science, vol. 6828. Berlin, Heidelberg: Springer Berlin Heidelberg, 2011. doi: 10.1007/978-3-642-22688-5.

[83] J. Sowa, «D. B. Lenat and R. V. Guha, Building Large Knowledge-Based Systems: Representation and Inference in the Cyc Project.», *Artif. Intell.,* vol. 61, pp. 95-104, ene. 1993.

[84] C. L. Breazeal, *Designing sociable robots.* en Intelligent robots and autonomous agents. Cambridge, Mass.: MIT Press, 2002.

[85] F. F. Li, *The worlds I see: curiosity, exploration, and discovery at the dawn of AI,* First edition. New York, NY: Moment of Lift Books, Flatiron Books, 2023.